Língua

O Gozo de Ulysses

Noga Sklar

Língua

O Gozo de Ulysses

3ª Edição
POD

Greenville
KBR
2018

Edição de texto e revisão **KBR**

Edição de texto e revisão da 1ª edição original, publicada pela Ibis Libris em 2009 **Thereza Christina Rocque da Motta**

Capa **KBR**

ISBN impresso: 978-1-944608-68-2

ISBN e-book: 978-1-944608-69-9

KBR Digital Publishers LLC

www.kbrdigital.com

atendimento@kbrdigital.com

+1 864 3734528

LCO019000 — Ensaio/ Mulheres autoras

Noga Sklar é editora, escritora e cronista. Nasceu em Tibérias, Israel, em 1952. Graduou-se como arquiteta no Rio de Janeiro e desde 2004 dedica-se com exclusividade à literatura. Fundadora da KBR Editora Digital, vive atualmente com seu marido Alan Sklar em Greenville, na Carolina do Sul.

E-mail da autora: noga@ogasklar.com

Para James Joyce, quem mais?
Para o espectro muito vivo de Joyce,
que desassombrou de vez
minha carreira de escritora.

Agradeço:

A Arthur Dapieve, por seu apoio generoso e constante.

A Thereza Christina Rocque da Motta, por seu talento,
coragem e paciência (lidar comigo é difícil, reconheço).

E também, claro, por sua maravilhosa biblioteca
e por ser, como eu, apaixonada por James Joyce:
a match made in heaven.

A Alan Sklar, por sua inspiração e sua tolerância à solidão.

E a papai, mamãe, vovó, titio e titia, Rashi, Moshe Rabeinu
e toda a chamullah *que fez de mim o que sou.*

LA VOIE JOYCE

:prefácio à edição comemorativa
dos 90 anos de Ulysses:

*A pena é, o público exigirá e vai encontrar uma moral no meu livro —
pior, podem levá-lo ainda mais a sério, e pela honra de um cavalheiro, não há
uma só linha séria nele.*

James Joyce

Quando vi se aproximar o janeiro dos meus sessenta anos, me deu um estalo: eu tinha que comemorá-los em Paris. Mas por que Paris? Eu nunca tinha sido especialmente ligada à cidade; gostava, é verdade, e já não ia lá desde 1992, pior, mais grave, como Alan bem tinha lembrado, e meu romance *Hierosgamos* bem confirmado, nunca tinha estado lá com um grande amor, nunca tinha amado ninguém à beira do Sena, se é que vocês me entendem. Nem ele.

Nossa história nos devia uma correção de rumo: era a hora certa para estarmos juntos em Paris, Alan e eu. Pusemos mãos à obra, reservamos o voo, fizemos as contas, Alan garantindo pela internet o que haveria de ser um ingrediente chave de nossa "eterna", eternamente fogosa lua de mel: um *pied-à-terre* em Paris, ainda que temporário, claro. Mal sabia eu.

O lindo apartamento era uma dessas mansardas românticas, um ponto brilhante entre os afamados telhados de Paris de frente para a catedral de Notre-Dame: seria Notre-Dame ao adormecer, trepar, amanhecer, Notre-Dame no café, almoço e jantar, a cada *verre de vin* na varandinha do nosso apê.

Mais, melhor: nosso endereço local estava localizado a poucos passos da adorada Shakespeare and Company, *cult* livraria de dez entre dez amantes da literatura, os de James Joyce em especial, afinal de contas, tinha sido lá, em 2 de fevereiro de 1922, quando seu autor completava 40 anos, que Sylvia Beach, a ousada livreira americana, publicara a primeira edição do *Ulysses*, dando início à mais famosa das odisseias. Oba.

Desembarcamos em Paris numa luminosa tarde chuvosa de sexta-feira, 20 de janeiro de 2012, meu sexagésimo aniversário comemorado a caminho, em pleno ar. Foi chegar, tomar o trem até quase a porta do apartamento, largar a bagagem e descer pra comemorar mais, e onde mais? Na Shakespeare and Company, claro, logo ali virando a esquina! Mal paramos para respirar e já saímos para fotografar a nova capa do meu livro, em *timing* perfeito: um anúncio pregado na vitrine avisava aos clientes que a livraria estaria fechada excepcionalmente entre a segunda-feira 23 e 1º de fevereiro, quando já não estaríamos lá, dá pra acreditar?

Primeira epifania: a publicação de *Ulysses* estava para completar 90 anos! E eu, que já vinha me preparando para uma edição comemorativa da entrada de *Ulysses* em domínio público, em 1º de janeiro de 2012, teria ainda mais o que comemorar! *Et voilà!*

A visita à Shakespeare and Company foi nossa primeira confirmação de que Paris, berço de cultura milenar, era a cidade mais antidigital do mundo: eram centenas, milhares de livros empilhados, empoeirados, em estantes desconjuntadas, nas mesas, no chão, nos degraus da escadinha para o segundo andar onde tantos escritores tinham se hospedado e até escrito parte de seus livros, história, história, história a cada canto escondido, bem mais do que um prosaico cheirinho de livro, devo confessar — mesmo para mim, editora de ebooks, um verdadeiro paraíso. Perguntei à moça do caixa ("Que tal trabalhar numa raridade histórica?") onde ficavam os livros de Joyce e logo encontrei a excelente recém-publicada biografia de Gordon Bowker que me acompanharia pelo resto da viagem.

Segunda epifania: a Shakespeare and Company não era a Shakespeare and Company! Esta, eu até sabia, mas já não lembrava, havia sido fechada por Sylvia Beach durante a Guerra, quando a livreira e editora tinha sido ameaçada pela Gestapo, e nunca mais havia sido recuperada. A livraria atual havia sido aberta em 1951 pelo americano George Whitman — que, aliás, faleceu há pouco aos 98 anos de idade em seu apartamento em cima da loja — e renomeada mais tarde numa homenagem à S&C original, cuja proprietária chegou a frequentá-la. Mais: Whitman dera à sua filha e herdeira, atual proprietária, o nome de Sylvia Beach Whitman, isso é que é fixação, não?

Pois é. Mesmo com todo Joyce, já era muita coincidência para o meu gosto. Se antes eu não conseguia encontrar uma sincronicidade decente na qual pudesse embasar o meu livro de crônicas sobre *Ulysses*, agora eram tantas que eu nem conseguia escolher a mais importante, um aviso, um sinal? Mergulhei no livro de Bowker e não custei muito a perceber que embora o envolvente e impositivo marketing mundial em torno do *Ulysses* tenha criado o Bloomsday — diga-se de passagem, ainda durante a vida de Joyce e com o deliciado apoio deste — e até transportado milhares de joycemaníacos até a Dublin de Bloom para repetir numa romaria cada passo do festejado personagem de ficção, aí incluído o encontro com o marinheiro perneta, como vocês vão descobrir ao ler o livro... o *Ulysses*, e depois dele, o *Finnegan's Wake,* haviam em sua maioria sido escritos em Paris, na Rive Gauche mais especificamente, onde Joyce viveu a maior parte de sua vida.

Terceira epifania: eis o que fui buscar em Paris! Reviver cada alegria, dificuldade ou tristeza de Joyce enquanto escrevia, publicava e lutava pela divulgação de seu *Ulysses*, a uma semana do 90º aniversário da publicação original! E assim fiz.

Fui seguindo a biografia e, com um mapa da cidade ao lado, marcando cada idiossincrasia para no domingo seguinte, meu "dia de Joyce em Paris", percorrer o que passo a chamar de Via Joyce, a *via crucis* parisiense do irlandês genial, sete pontos cruciais na vida do autor de *Ulysses* na cidade que o abrigou, ou com a qual brigou por grande parte da vida, sei lá: uma trajetória da vida real, bem mais vibrante do que a ficção. Vamos lá, todo dia 2 de fevereiro, dia de celebrar James Joyce.

Estação Um: Shakespeare and Company, a falsa Shakespeare and Company à qual já me referi, a neo-Shakespeare and Company da neo-Sylvia Beach. Vale pela referência e pelo espetacular acervo de livros, livros impressos, claro — 37, rue de la Bûcherie.

Estação Dois: a verdadeira Shakespeare and Company, da verdadeira Sylvia Beach, com placa comemorativa e tudo, hoje uma simples boutique em cujo cartaz de liquidação de inverno posam Sylvia Beach e James Joyce eternizados na porta da loja, escrito "sale" em cima, em vermelho, pobre Joyce — 12, rue de l'Odéon.

Estação Três: Café Polidor, uma instituição do Quartier Latin, restaurante tradicional onde por mais de 200 anos artistas e escritores, de Verlaine a René Clair, passando por... James Joyce, alimentaram o corpo e o espírito — 41, rue Monsieur Le Prince.

Estação Quatro: Hotel Lenox, onde Joyce morava com a família quando concluiu o *Ulysses*. Também nesse hotel foi escrita boa parte de *Finnegan's Wake*, mas o gerente atual não faz ideia de quem foi James Joyce, vamos combinar. A escadinha estreita em espiral que Joyce subiu tantas vezes cambaleante, meio de porre, ainda está lá — 9, rue de L'Université.

Estação Cinco: apartamento de Joyce próximo à Torre Eiffel onde morava o escritor, na época pouco mais que remediado, quando o *Ulysses* foi finalmente lançado, um local tranquilo, quase uma vila; para chegar ao restaurante italiano onde J.J. comemorou com amigos e a família a custosa publicação de seu livro, bastava atravessar a rua — 7, rue Edmond Valentin.

Estação Seis: Trattoria dell'Angelo. Este não é o restaurante onde Joyce comemorou, que já não existe mais e com toda certeza se localizava na mesma Avenue Rapp, a poucos passos da casa do escritor, mas é o único italiano da avenida e a comida é excelente. Joyce costumava beber vinho branco, mas não consegui fazer isso em Paris, nem mesmo nessa homenagem a ele, que foi com tinto mesmo — 6, Avenue Rapp.

Estação Sete: Pont D'Alma. Dessa ponte sobre o Sena, que sai do Champs Elisées em direção à Torre Eiffel, Joyce se debruçava para meditar sobre todos os rios do mundo — conectados num único rio circular, *riverrun,* registrado em *Finnegan's Wake.*

Uma última instrução: a Via Joyce deve ser percorrida a pé, a maior parte dela pela rue de L'Université, com o pensamento voltado para as alegrias literárias que Joyce nos legou e a consciência de que, como nós 90 anos depois, o escritor vagou inspirado por todos aqueles históricos quarteirões.

Feliz aniversário, James Joyce. E uma boa leitura procês.

Petrópolis, 2 de fevereiro de 2012

Existe uma palavra judaica, presente com conotações diversas tanto no hebraico quanto no iídiche, que explica/complica o que o leitor ora tem em mãos: *chutzpah*. É um misto de audácia, insolência, abuso e coragem. Noga Sklar tem *chutzpah* de sobra. Quantos aí não só encararam – encararam para valer, não para citar nas rodinhas – o célebre *Ulysses* de James Joyce como fizeram uma espécie de diário de bordo da leitura?

Noga fez. Leitora voraz, escritora compulsiva, comentarista atenta de blogs e colunas dignos de sua consideração, ela afinal decidiu abrir o seu livro (fechado) de cabeceira há quinze anos e transformá-lo em ponto de referência e de irreverência de dezenas de *posts* no seu próprio blog, entre dezembro de 2007 e junho de 2008. Ajeitados daqui, espichados de lá, eles compõem o incomum *O Gozo de Ulysses*.

Não sendo médium ou sequer crente, é impossível dizer o que Joyce teria achado dessa, como diria Renato Aragão, audácia da pilombeta. Mas eu seria capaz de apostar duas *pints* de Guinness no pub de Davy Byrne que o irlandês teria apreciado tamanho *chutzpah*. Porque Noga tira Joyce do pedestal para examiná-lo, o que não implica nenhum rigor ou tédio acadêmico, e ao fazer isso o devolve às ruas. O que mais pode querer um escritor?

Não são tanto as ruas de Dublin, pelas quais Leopold Bloom deambulou naquele lendário 16 de junho de 1904, e sim as ruas do Rio de Janeiro, onde Noga vivia quando escreveu *O Gozo de Ulysses* (depois retirou-se sensatamente para a Região Serrana). Como ela diz, há um "Joyce no cotidiano", o da cidade então governada (*sic*) por Cesar Maia e o seu próprio, no qual algumas das páginas mais tocantes tentam lidar com o Alzheimer de sua mãe.

Claro que, em se tratando de Joyce, *O Gozo de Ulysses* tem dúvidas eruditas, trocadilhos infames, sacanagens latejantes, humor. É como se, daqui do século XXI, Noga mandasse e-mails para o maior mito literário do século XX, fiel ao espírito daquele velho safado.

Arthur Dapieve

1. Segredo ou sagrado?

:primordia:

*Nunca aceitei esse ranço de obediência na relação do artista com as
multinacionais. De eles saberem mais, de terem o poder de orientar. Eu sempre
disse não, e eles sempre respeitavam esse não.
Porque eu sempre fiz muito bem tudo o que quis.*
Maria Bethânia

Já tendo lido, e com prazer inenarrável, as primeiras cem páginas do velho *Ulysses* de James Joyce – meu livro fechado de cabeceira
há mais de 15 anos e que só agora, nestas férias de verão, me decido a
encarar – não consigo entender o motivo de ter hesitado tanto. Deve ter
sido o marketing ou, no caso, o antimarketing, reforçado em reunião de
família por minhas jovens primas, que acham que esse livro é chato: um
adjetivo que não se aplica, de maneira alguma, a este ícone da literatura.
Incomum, tudo bem, pode ser, meio difícil até para quem, não tendo
o hábito da boa leitura, se limita aos lançamentos – resenhados e apre-
ciados por razões às vezes obscuras (pra não dizer comerciais mesmo).
Agora, chato? Inovador, isso sim. Poético. Instigante; gratuito, nunca:
dá pra sentir a clara intenção do autor por trás das muitas citações, dos
neologismos, da ordem expressa das palavras. E nada de preguiça de
(re)escrever. Ou pressa em publicar.

Por enquanto estou lendo, claro, a versão em português de Antônio Houaiss e, por falta de opção melhor, confiando nela, na lendária
erudição do tradutor e na ampla compreensão que ele teve do original,

coisa que eu certamente jamais alcançarei. Porque o próximo passo, me acreditem, é perscrutar o original que encomendei na Amazon.com, ousadia perde.

Pois é. Com meu vício de folhear à frente, já deu pra perceber: quase tudo que se considera avançado, transgressor e original na literatura contemporânea está lá, pasmem, há quase cem anos pra todo mundo ler. Meu romance *Hierosgamos*, por exemplo, tem trechos inteiros que parecem copiados dele, mas como, juro que não sei. Deve ter sido por osmose, por metempsicose ("metem-se o quê?"). Diz Augusto de Campos, na orelha desta edição de 1966, que "a divulgação deste livro é capaz de contribuir e, muito, a curto e longo prazo, para o soerguimento qualitativo da nossa prosa que, salvo raras exceções, ainda não se apropriou do legado da revolução joyciana". Ah, bom, muita coisa mudou desde então. Ou não?

Hesitante nesses primeiros passos, ainda preciso lidar com Alan, meu marido americano, que me acha uma tremenda ignorante – não me entendam mal: este homem me ama, mas me acusa de incompetente na língua dele: por outro lado, como não fala português, nem pretende se entender tão cedo com brasileiros nativos, francamente, faltam-lhe os requisitos para julgar o que digo ou escrevo. Já que não sei latim, nem grego, nem mesmo inglês suficiente para ler Joyce, além de estar lendo, é claro, uma "cópia" falsa e certamente malfeita, decidi enfrentar o irlandês com meus próprios recursos emocionais, sem ligar para estudos, teorias, esmiucices redutoras.

Pronto. Já deu pra entender tudo. Sou tão pretenciosa que (apesar de escrever "pretensiosa" com cê) me julgo à altura de Joyce quando o assunto é misturar idiomas, transgredir ritmos, criar palavras. Meu Deus. Melhor seria, talvez, eu me calar de vez, mas Joyce deixa claro, logo nas primeiras páginas, que me perdoa a temeridade (e não é o único; Roberta Smith, crítica de arte do *NY Times,* escreveu: "a melhor maneira de comentar uma obra de arte é com outra obra de arte", mais ou menos isso). *More on that later*, porque agora vou falar de outra coisa, isto é: da ordem certa das coisas.

Descubro no Google que até fome o escritor passou para escrever *Ulysses*, e quem garantiu a sobrevivência dele, da família dele e do próprio livro, foi Sylvia Beach – editora americana radicada em Paris, fundadora da livraria Shakespeare and Company –, ao transcender as limitações de um mercado, que, na época, imaginem, quase relegou *Ulysses* à não-publicação.

E, por falar em mercado e suas relações com os artistas, o que eu penso é que foi sempre assim, pelo menos do lado do mercado, é claro, porque artista sério nunca se curvou, nem se pautou por carência de dinheiro (eu sei, eu sei, *easier said than done*: passem fome pra ver o que é bom). Embora seja o mercado – público ou privado – que o sustenta para seus próprios fins, o artista de verdade não está nem aí pra ele: sempre (...) e andou, se é que vocês me entendem (fica faltando uma palavra-chave que, tudo bem, por mera educação e respeito aos leitores, me abstenho aqui de mencionar). Só de uns tempos pra cá se convencionou acreditar que, se o mercado não aceita um artista, é porque o artista certamente não presta e, gente, vou logo confessando: como corolário lógico, acabei acreditando que a arte que pratico também não presta, descontadas as poucas – pouquíssimas, certo – evidências em contrário.

Chega-se, enfim, ao premente, instigante e inesquecível debate literário entre *O Segredo* e *O Sagrado*, onde se conclui que o Segredo é o Mercado e o Sagrado, bem, é o Mercado também, a não ser pra quem escolhe ignorá-lo: uma atitude nada moderna, mas, vamos combinar, a única possível para preservar a verdadeira arte e salvar o tal do espírito. Porque o que vale mesmo nesta vida, eu garanto: vai bem além da divisão simplista em vencedores e perdedores, um maniqueísmo globalmente aceito e monitorado, como nunca antes, pelo estado de saúde da conta bancária.

Ao criador, resta manter-se fora disso. Mas não me perguntem como.

2. QUE LIVRO É ESSE?

:primordia:

Promoção inédita premia com um exemplar de *Eu sei que vou te amar*, novo livro de Arnaldo Jabor, as 60 melhores respostas para a pergunta: "Qual a maior loucura que você já fez por amor?", mas peraí, não era esse o nome de um *filme* de Arnaldo Jabor? Que, se não me engano, deu prêmio em Cannes a uma muito jovem Fernanda Torres?

Normalmente, o trajeto do livro ao filme se dá na direção oposta, e acreditem: é a melhor coisa. Ter visto o filme interfere demais na relação muito íntima, quase sexual, que o leitor estabelece com o livro através da imaginação. Tudo bem que a forma escrita, o ritmo, a escolha das palavras certas e a ordem certa das palavras contribui bastante para o gozo pleno da literatura, pra sentir na pele o empenho do autor. Bah! Coisa mais antiga, não? Da época assim, digamos, de Flaubert: quem tem tempo ou disposição para escrever, por exemplo, vinte páginas por mês? Absurdo. Além do mais, a imposição da imagem hoje em dia é tanta, e tão intensa, que tanto faz a linguagem, e é nesse ponto que o livro-depois-do-filme perde um bocado da graça ou, pelo menos, foi o que senti ao finalmente ler, com considerável atraso, aquele romance de Ian McEwan considerado um dos melhores do século, hum, qual século mesmo? Vinte e um? (É meio cedo pra isso, não?) Nele, se realiza a contento a vivacidade da trama, a descrição dos personagens, paisagens e ambientes, todos brilhantemente traduzidos em filme no maravilhoso *Reparação* – faz tempo, caramba, que não elogio tanto um filme; acho que eu estava mesmo de bom humor, ou, no mínimo, muito bem acompanhada. O problema é que agora não crio a minha própria Briony, ou Cecilia, ou meu próprio Robbie: não é esta versão particular – mas, sim, a daquele diretor – que vejo no filme da minha mente enquanto insisto na leitura, mesmo sentindo que falta ao escritor o empenho artístico, assim, de um Flaubert; ou, parafraseando Jabor – o sujeito mais parafraseado e indevidamente assinado da internet –, o pendor trocadilhista de um James Joyce que faz, na verdade, o incrível jogo de armar literatura que tanto apaixona em *Ulysses*. Deve ser por isso que *Reparação* – o romance, digo – soa como excelente... roteiro de filme, ou é esta a impressão que me dá por eu ter cometido o crasso engano de assistir ao filme antes de ler o livro. Problema meu.

Agora, por puro amor ao hábito da leitura e pra não deixar a pergunta no ar: a maior loucura que já fiz por amor foi dar nome e sobrenome de literatura ao meu romance da vida real, taí, uma entrega desesperada ao ato de escrever, vertigem de Flaubert que imagem nenhuma – e, às vezes, reconheço, nem mesmo a vivência de fato – consegue substituir. É o que confere à literatura a estatura de arte.

Pra quem não assistiu ao filme de Jabor, nem pretende ler o livro, resta o consolo sonoro dos versos de Vinicius, uma delícia, uma loucura: "desesperadamente, eu sei que vou te amar".

3. VIRA-CASACA

:primordia:

Mesmo sem nunca ter ouvido falar em Julia Child – certo, falha cultural minha – me interessei tanto pelo projeto *Julie & Julia* que comecei assim, logo de cara, lendo tudo sobre ele no Google. E confesso: me empolguei demais com a tal Julie Powell (ser cronista me força a confissões demais). Embora nunca tenha exatamente declarado pretender transformar meu blog em book, me deixei levar pelo conceito inovador de "blook", pela fluente narrativa dela em linguagem urbana – baseada em rotina diária + pitadas de sexo explícito – e, sobretudo, pelo apelo visual amaciado e curvilíneo da autora, porque, vamos combinar: coisa difícil hoje em dia, com tanta beldade esguia, é sentir-se segura o suficiente para aparecer em público. Apesar de gostar de cozinhar, e já ter me dedicado a escrever sobre o tema, na culinária não prestei muita atenção (não me desmancho por *haute cuisine* e aqui em casa mal entra manteiga: sou mais do shoyo, mesmo). Acabei chocada com a quantidade de resenhas negativas no site da Amazon, comecei a titubear e agora já nem sei se sou fã da Julie ou não, francamente: depois de pesquisar a literatura dela, ando considerando seriamente mudar de opinião. Viro a casaca, sim, e daí?

Saber o que é boa literatura, na verdade, não tem sido nada fácil. No outro dia, meu sobrinho de 18 anos me perguntou se era bom o *1984*, de George Orwell. Era, mas sinceramente já não sei se é: com tanto Big Brother por aí, será que o Grande Irmão não ficou ultrapassado? Entendam bem: fui educada com amor pelos livros. Mamãe e papai, leitores vorazes, me contaminaram desde cedo com o vírus da erudição. Quando eu era menina, espreitava todo dia na estante da sala o picante *Chocolate pela manhã*, de Pamela Moore (quem?), mas ler nunca o li, porque mamãe proibia. Já de Kurt Vonnegut – que escrevia uma ficção meio fantástica, meio *science fiction* (pleonasmo cacófato) – eu lia tudo: era um de meus favoritos. Outro que eu curtia muito era John Irving, de *Hotel New Hampshire*, e claro, o indefectível Salinger e seu *Apanhador no campo de centeio*, que adolescente poderia viver sem ele? Mas chique, chique mesmo no meu tempo de garota era ler Sartre, e lá em casa só era considerado adulto quem lesse *Ulysses* de James Joyce inteirinho. Vai ver foi por isso que nunca amadureci de verdade, nem cheguei a entender muito bem por que mamãe o recomendava tanto, apesar do pornográfico episódio final: um monólogo de cem páginas sem nenhuma vírgula. Por seu lado, meu pai se envolvia bastante com o futurismo galáctico de Isaac Asimov, enquanto (parafraseando Caetano) *his eyes went looking for flying saucers in the sky* no telescópio da varanda. Foi inspirada por ele que acabei mergulhando nos meus anos de Hogwart's, e isso bem antes dos *Harry Potter*: um passado que renego mais do que Tim Maia o dele.

Voltando a Julie. Tem gente que a condenou pelo excesso de palavrões, mas, mirisolas à parte: palavrão escrito é considerado moderno e, se bem colocado, não posso negar que acho até interessante, mesmo porque, quando sinto vontade, pratico. Se é bom ou não eu não sei, mas como o leitor mudou, nada mais compreensível do que o livro mudar também. Quem não gostar, que se dane.

4. *A CENAR TECO*

:primordia:

Enquanto a vida sonora do planeta se dilui em múltiplas correntes evanescentes de pós-rock, continuo preferindo Mozart. E mais fã de Mozart fiquei depois de (re)descobrir "La ci darem la mano", a ária de *Don Giovanni* que atravessa *Ulysses* de cabo a rabo, daqui, ó: entre tantas opções de uma bela canção que dura séculos, fica difícil escolher uma.

Sou quadrada mesmo, ai, me desculpem: pelo menos em termos de música, sou sim, conservadora à beça. Mas não em tudo o mais, e o que seria minha tardia paixão por Joyce senão a prova disso?

5. A AMÉRICA CONTRA A CARETICE

:calipso:coletor de injustiças:

"Não existe uma América negra. Não existe uma América branca. Não existe uma América latina ou uma América asiática. O que existe são os Estados Unidos da América", pregava o emocionante mantra co-munitário do então candidato – hoje presidente (*Yes!*) – Barack Obama, a favor de um mundo mais civilizado. Sonho ameaçado, no entanto, pelo bloco conservador americano que, embora dê sinais de algum desejo de mudança, ainda persiste na caretice... apesar de atitudes progressistas que plantaram no país, há muito tempo, sua semente de modernidade. Vocês, não sei, mas eu não sabia disso: o *Ulysses* de James Joyce, banido sob a acusação de obscenidade, só veio a ser publicado nos EUA – graças à sensibilidade do juiz federal John M. Woolsey – em 1933, onze anos após a primeira edição na França. *"Joyce foi atacado e frequentemente incompreendido, por ter sido leal à sua técnica e por ter tentado, honesta-mente, dizer o que pensavam seus personagens"*, declarou na sentença o Juiz Woolsey. *"Foi sua tentativa honesta e sincera de atingir este objetivo que o levou a usar certas palavras geralmente consideradas sujas e que motivou o que muitos julgam ser uma preocupação excessiva com sexo no pensamento dos personagens."* Nossa. Eu não fazia ideia. Imaginem um livro tão proibido sendo lido e apreciado na Minas careta dos anos 1960 e, pior, pelos meus pais.

"O caso de Ulysses*"*, afirma o editor americano do romance, *"marca um momento de virada. Foi eliminada a necessidade de hipocrisia e circunlóquio na literatura. Os escritores já não precisam buscar refú-gio em eufemismos, e podem agora descrever as funções humanas básicas sem medo da lei."* Uau. James Joyce, imaginem... Hermético autor de um romance globalmente famoso, complicadíssimo apanhado de neologis-mos incompreensíveis... Pois lendo, descobri que não é nada disso.

O livro é intuitivo. É bem-humorado. E acaba sendo sofisticado ao retratar sem nenhuma evasiva, "com franqueza inédita", o pensamen-to fluente da "classe média baixa da Dublin de 1904". Na versão origi-nal, fica bem clara a origem sonora dos tais coloquialismos, pinçados genialmente, se não me engano, da linguagem descuidada das ruas: eis aí a delícia de *Ulysses*, legítimo parque de diversões da mente. Segue o extrato de um dos meus trechos favoritos (até o momento):

> Um jornal. Gostava de ler no assento. Espero que nenhum macaco re-solva bater no que estou. Agachado no trono dobrou seu jornal, virando as páginas sobre os joelhos nus. Algo novo e fácil. Sem pressa. Segura um pouco. Nosso bocado premiado. O Golpe de Mestre de Matcham. Escrito pelo Sr. Philip Beaufoy, do Clube dos Frequentadores de Teatro,

Londres. Leu calmamente, se controlando, a primeira coluna e, cedendo, mas resistindo, começou a segunda. A meio caminho, vencendo a última resistência, permitiu que os intestinos se aliviassem calmamente enquanto lia, lendo ainda pacientemente, a leve constipação de ontem quase resolvida. Espero que não grande demais pra causar hemorroidas de novo. Não, no ponto. Ah. Isso. Prisão de ventre, um tablete de cáscara-sagrada. Rasgou com firmeza metade do conto premiado e com isso se limpou. Depois levantou as calças, ajustou-as, se abotoou. Empurrou a idiota da porta desconjuntada da casinha e saiu das sombras para o ar livre.

Isto é Joyce, gente. Maravilhoso, não? Ops. Virginia Woolf não gostou nem um pouco, achou o texto vulgar, nojento: problema dela e de quem concordar com ela, de quem se limita – por vontade própria –, a um eufemismo cultural imaturo, ameaça fatal à evolução da raça. Me contem fora dessa.

6. HERMETICES

:lestrígones:éolo:

Vai que daqui a uns cem anos algum estudioso exótico da subvalorizada e obscura Noga Lubicz Sklar - escritora carioca (ou segundo outras fontes, mineira), que, na primeira década do século 21, revirou a cena literária local com seu ousado romance *Hierosgamos* – que quase ninguém leu –, se depare com esta crônica incrível, registrada nos velhos arquivos do Google. Pois é. Com James Joyce é quase a mesma coisa, mas tudo bem: já entendi que este meu projeto de mastigar *Ulysses* (pra quem quiser engolir) não está dando o menor ibope. Afinal de contas, trata-se do "livro mais genial do século [passado] e que ninguém leu até o fim", como observa, em seu ensaio, o professor goiano Luiz Gonzaga de Alvarenga. Mas, gente: não tem assunto no momento que me empolgue mais – é um "momento haha!" atrás do outro – e, se ninguém leu, só pode ter sido por sua fama injusta de leitura impossível, pesada, incompreensível. Eu entendo. Lendo o ensaio do Alvarenga deu pra perceber, melhor ainda, que não demora muito pra tanta empolgação prematura esbarrar num limite: daqui pra frente a coisa piora consideravelmente.

Mas enquanto não rola... Aproveitem, queridos: divirtam-se com meus achados e, mais, com certos absurdos na tradução do Houaiss.

Qualquer um, por exemplo, estranharia isso: "Ido com o vento. Hostes em Mullaghmast e Tara dos reis." Mas se lesse em inglês: *"Gone with the wind. Hosts at Mullaghmast and Tara of the kings"*, e tivesse uma tradução à altura da ironia de Joyce, poderia ler: "E o vento levou. Anfitriões em Mullaghmast e na Tara dos reis", e haveria de sorrir como eu sorri, uai, será que foi inspirado em Joyce o nome de certo romance, vocês sabem qual, aquele que virou um filme famoso? E de Tara, fazenda de Scarlet O'Hara, estão lembrados? Uai. Peraí. O'Hara? Que raio de nome irlandês é esse? Ou, de repente, não é nada disso e tara, ou tara tara, não passa do toque festivo de uma trombeta, mas não nesta passagem aqui, claro. Taratará. Nas próximas.

Pode até ser que isso tudo não passe de uma besteira, delírio ignorante de minha parte, mas que é curioso, é. Imaginem. Alan me ensina que para ler Joyce é preciso saber grego, italiano, latim... E iídiche, é sério, até um *meshuggah* – loucura! – já encontrei no texto, ao lado de outras semitices: Rudolph Virag, pai de Leopold Bloom, lia a *Hagadá de Pessach* "de trás pra frente" – não "com o dedo para trás", como quis Houaiss – como o antigo clichê de jornal... e não tem nada de estranho, claro, estava escrita em hebraico! E por falar no assunto, está registrado em *Ulysses*: a Irlanda é o único país da Europa que nunca perseguiu judeus. Querem saber por quê? Porque nunca os deixou entrar! Haha! A piada antissemita é de J.J. *himself*, o mesmo que, páginas mais tarde, nos apresenta o personagem principal de seu romance: Leopold Bloom, um judeu irlandês.

Pois é. James Joyce, engraçado? Heresia. E para lê-lo, vamos combinar, é imprescindível ter lido Homero antes – nas linhas e entrelinhas e, de preferência, no original em grego. Não se pode ler Joyce, dizem, sem conhecer a fundo a gíria irlandesa da época (e gracejos infames do gênero "U. P. up" [*you pee up*, isto é, "você mija pra cima"], segundo Alan, pra lá de manjado e que qualquer criança americana conhece, mas que, sinceramente, me pegou: só fui entender lendo o ensaio do Alvarenga). Essa ideia fajuta de pegar o sentido das siglas e das rimas brancas lendo Joyce em voz alta? Não passa de subterfúgio. Não se pode ler Joyce com o espírito desarmado, sabem como é, só pra se divertir com as pegadinhas dele, mas gente: o que eu não daria para entrar num *pub* em Dublin e tomar umas e outras com meu companheiro Jim, rindo à beça com o nosso recíproco humor negro. Talvez, depois disso, eu não me envergonhasse tanto de minhas muitas citações esotéricas: no final das contas, Joyce também citou Blavatsky, "uma velhota cheia de truques". Imaginem. E eu que A.U. – antes do *Ulysses* – considerava Shakespeare um Grande Pai, dono e senhor absoluto do meu fazer literário... Me enganei: é Joyce. Que, evidente, cita Shakespeare a torto e a direito, como esta que vos fala:

> Ele, em *Ulysses* (sobre um fratricida que derramou veneno "no átrio do ouvido meu"): "E, por falar nisso, como foi que ele descobriu? Ele morreu dormindo. Ou aquela outra história, animal de duas costas?"
> Eu, no *Hieros*: "eu teso, o pau selado na cona cheia até a borda em ritmo harmônico, oscilante, arfante, gemente, um coração só... siameses, um único eu: o animal de duas costas."

Ainda bem que eu, na época, não sabia disso, ou nem teria escrito nada: se algum plágio houve de minha parte, foi totalmente inconsciente, juro. Como Joyce também cita os registros akáshicos (podem acreditar que ele mesmo acredita), quem garante que não se pode consultar o dele, ler, se inspirar e entender (como ninguém mais) o que ele quis dizer? Taí: quem quiser que capte a informação e faça bom uso dela. Divirtam-se, queridos, porque eu... estou me divertindo.

7. A ARTE É O QUE INTERESSA

:tradutores:

Passei o fim de uma tarde dessas assistindo *Feliz Natal*, filme francês indicado ao Oscar em 2005, um documento surpreendente, gostei: usando a música para neutralizá-la, prova que a guerra vai contra os mais básicos instintos humanos. Agora. O que me impressionou mesmo foi "Bist du bei mir", uma ária maravilhosa que grudou no meu ouvido e que, dizem, é de Bach, mas houve quem pesquisou a fundo e descobriu que é de G.H. Stölzel (G.H. quem?), e que Bach apenas se apossou para incluí-la no caderno de Anna Magdalena, ora, gente: papo chato de especialistas. Bom mesmo é relaxar na poltrona, fechar os olhos, mergulhar de cabeça na beleza harmônica do som. Aproveitem.

O que remete à irrelevante discussão sobre qual é a melhor tradução de *Ulysses* e coisa e tal, porque melhor, melhor mesmo, é poder curtir o original: *traduttore, traditore* – tsk, tsk –, não tem jeito, e a gente só lê a traição se não tiver outra opção. Quem enfrentou o trabalho insano que é traduzir o para sempre intraduzível James Joyce que me desculpe um comentário maldoso ou dois. É pura inveja de principiante, se é que vocês me entendem.

8. JOYCE SEM BIFE

:lestrígones:tradutores:vegetariano:

Let me get that straight: só consigo ler *Ulysses* no original porque tenho em casa um professor de inglês (e a versão de Houaiss para o português, claro). Sem ele(s) perco um bocado, e reconheço, sim, a absoluta necessidade (e impossibilidade) da tradução: sem intenção de ofender, principalmente a quem já nem pode se defender, como é o caso de Mestre Houaiss. Mas, não entendo: como é que alguém que conhece a língua a ponto de saber que "t.t.'s" significa "*teetotallers*" [abstêmios – essa, sem o Alan, nem pensar] traduz "peeping Tom" [*voyeur*, ou, em qualquer dicionário inglês-português: espreitador] por "espionando Tom"? E o que dizer do onomatopaico "nyumyum", som meloso de papinha infantil, comum hoje em dia até mesmo em balão de *cartoon* – como "nhummy" ou coisa parecida –, por "miumium"? Depois querem que eu acredite que *Ulysses* é incompreensível, ah, sim, é preciso, além disso, levar em conta os muitos ensaios acadêmico-literários publicados sobre o assunto e que analisam, tintim por tintim, a inusual sofisticação de Joyce.

Hermetices à parte, vale conferir o que pensa J.J. do vegetarianismo:

"Vindo do vegetariano. Só fruta e ovofolhices. Não coma bife. Se comer os olhos da vaca vão te seguir por toda a eternidade. Dizem que é saudável. Mas é aguaevento. Tentei. O dia inteiro correndo pro banheiro. Renque como arenque. Sonho a noite toda. Como é que chamam o que me deram nozbife? Sementarianos. Frutarianos. Faz de conta que é maminha. Absurdo. Salgado ainda por cima. Cozido na soda. A noite inteira grudado na pia. As meias dela frouxas na canela. Detesto isso: tão sem gosto.

Aquele povo literariamente etéreo é o que eles todos são. Sonhadores, nublados, simbolistas. Estetas é o que são. Não me surpreenderia se comida desse tipo produz como ondas do cérebro o poético. Por exemplo um policial desses suando na farda um cozido irlandês; não dá pra espremer uma linha de poesia dele. Nem sabe o que poesia é. Tem que estar a fim."

Deu pra entender agora?

9. Sanduba do bom

:lestrígones:tradutores:

Misto quente, sanduíche de gente.
Rita Lee

Sabe aquela emoção que arrepia quando se lê um bom livro? Ai, gente, que nojo isso: como é que pode? Não é que é assim mesmo? Ao duvidar de tudo, esse autor incrível descreve exatamente como me sinto: de um lado uma mulher madura, careta, classe média zona sul remediada do Rio, metida a escrever, mas sem qualquer pretensão de pertencer a uma elite intelectual; de outro, um gênio irlandês do século passado, sujeito sabidamente impenetrável, charadista de alto nível, um desafio até para a melhor das mentes: ninguém consegue ler o que esse homem escreve, é sério, nem tenta. Mas aqui entre nós, ver-me simples e humanamente retratada com tanto humor, há quase cem anos, é uma graça como poucas. Como aconteceu outro dia, num café lotado da Cinelândia: esperando um encontro de trabalho, abri o envelope de documentos, de pé mesmo, pra conferir se estava tudo lá dentro. Ao mesmo tempo observo, passo curiosa os olhos em volta criticando tudo: na varanda entupida de gente – todos "abancados e amesados", como diria J.J. –, engolindo a comida sem mastigar direito, como se a vida dependesse disso – e não depende? –, ou depende mesmo é daquele medíocre subemprego – tô precisando de um, isso sim – , imaginem, o salário na conta no fim do mês, mal não iria fazer, horror total o cabelo alisado daquela ali, a roupa apertada demais com os peitos pulando pra fora do

decote – coisa feia! Deus! Engorda qualquer uma, não? – a outra caindo do altíssimo salto, olha lá. Ops. Tropeçou. Que boca a minha [rsrs].
Não olha assim direto, pega mal à beça. Morrendo de fome, nada pra
se comer no cardápio metido a besta, babaquice essa mania de verdura
orgânica, hein, só pra cobrar mais caro, fazer a gente se sentir culpada.
Quem é que acredita mesmo nisso? Pesado demais. Escorrendo gor-
dura. Demorando demais. Quente demais hoje, nossa mãe. Crocante,
mmm, o amendoim na mesa, ei, não pega não, esquece a cumbuca, olha
o germe contaminando aí (da mão repugnante de quem já comeu), taí:
mais um mito urbano, atrapalhando o chope e a paz do cidadão. Arroz
de brócolis. Camarão. Cerveja no meio do dia, assim vai muito mal. Preciso arrumar uma grana, pô, rápida e robusta: tudo caro demais. Adio a
fome pra mais tarde em casa, água com gás e um café sem açúcar, anda
logo por favor, oi!, você! Dá pra me atender? Traz a conta junto, estou
com uma pressa mortal. Saco. Que merda. Já estou atrasada mesmo.
Azar. Ai. Que se dane. Foda-se todo mundo.

"Ah, estou faminto. Ele entrou no Davy Birne's. Pub moral. Sardi-
nhas na estante. Quase dá pra provar com os olhos. Um sanduíche?
Presunto e seus descendentes* reunidos e criados lá. Compotas
de carne. O que é um lar sem compota de carne Ameixeira? In-
completo. Que anúncio idiota! Enfiado abaixo do obituário. Todos
encarrapitados na ameixeira. A carne conservada de Dignam. Ca-
nibais mandariam com arroz e limão. Padre branco salgado demais. Que nem porco em lata. Ao chefe as partes nobres. Duras do
apuro aposto. Esposas em fila pra observar o efeito. Era um velho
direito o crioulo coroado. Que comeu ou coisa do tipo as coisas
do honrado Sr. MacTrigado. Com isso um jardim de delícias. Só
Deus sabe que gosma é essa. Buchada mofada de tripa traqueia de
araque enrolada. Duro é encontrar a carne. Kosher. Nunca carne e
leite juntos. Higiene é o que chamam agora. Jejum de Yom Kippur
faxina interna de primavera. Guerra e paz dependem da digestão.
Religião. Ganso e peru de Natal. Matança de inocentes. Come e
bebe. Comemora. Depois é hospital lotado. A cabeça enfaixada. O
queijo digere tudo menos a si mesmo. Queijo poderoso."[1]

---

[1] N.T.: embora Houaiss tenha escrito "presunto e seus descendentes amostardados com
pão" – e, no original, esteja "mustered" [reunidos] e não "mustard" [mostarda], "bred"
[criados] e não "bread" [pão] –, achei melhor manter só o presunto mesmo, um bom

Enquanto isso voltando pra casa no Circular 173 reclamo da vida, da janela vejo um garoto enroscado dormindo na rua, o azarado (olha lá, coitado!) sendo assaltado, que miséria é essa em que a gente vive?, me pergunto se existe um Deus, inferno urbano terrível violência. Ainda bem que não é comigo, por enquanto não, ah. Como era gostoso o meu francês.

10. Cara ou coroa

:tradutores:

"A linguagem dele é simples, com gíria da época e até palavrões", justifica Eduardo Tolentino, descrevendo a inovadora opção pelo coloquial em sua versão teatral de *Mandrágora*, de Maquiavel. "Num momento o personagem solta um 'Pela cona de São Púcio' e as traduções deixaram desse jeito. Mas cona significa 'xota', e foi o que colocamos", completa.

Minha paixão por traduções poéticas-porém-exatas não surgiu quando eu lia *Ulysses*. Começou bem antes, quando, ao trabalhar a matéria crua do meu primeiro romance [abreparêntesis] nota da autora, ops, tradutora, ops: no caso são a mesma pessoa, mas ah, tudo bem: quem um dia verter para o inglês pode explicar que – influenciada pelo intelecto superior de seu consorte *native speaker* Alan S., com quem teve a sorte de compartilhar o épico evento – "matéria crua" vem a ser citação velada do inglês "raw material", deu pra entender?, em português já não soa tão bem, principalmente levando em conta que "matéria-prima" dá bem melhor conta de tão crucial recado [fechaparêntesis], me deparei com um dilema vital para a literatura: xota, xana, cona ou racha? Escrevi em *Hierosgamos*:

"– agora me diz, Alan: *cunt* é uma palavra suja? vagina sendo tão solenemente feio...
– não... na literatura erótica, a palavra *cunt* não tem substituto, todas as demais opções por demais cafonas... quer dizer, literalmente, o sulco do arado, uma palavra saxã... a imagem de *cunt & cock*

---

duplo sentido e coisa e tal, mas isso foi antes de ler na interpretação acadêmica de John Rickard – da Universidade de Bucknel –, que "Ham" não é presunto nenhum, mas sim, o filho de Noé que o vira nu: não se esqueçam do trauma de Bloom, cujo pai cometeu suicídio, vocês entendem. E agora me expliquem: como foi que "ameixeira" ["plumtree"] acabou em "cereja" na versão de Houaiss, hein? Não seria melhor, pra fazer jus à cor local já que se trata de um nome próprio – deferência ao honrado Mr. Plumtree, proprietário da supracitada empresa alimentícia –, lascar um "Pereira"?

(cona e pau) é certamente shakespeariana. no linguajar americano contemporâneo, chamar uma mulher de *cunt* é o que há de pior... na Inglaterra quer dizer babaca, uma mulher que só dá problema. mas em literatura, para expressar a natureza fundamental do relacionamento conjugal, não existe opção melhor: arar, semear a terra... uma imagem rural, ancestral... não exatamente básica, mas idílica... vinda dos bosques, do campo... inocente... palavra poderosa, não corrompida pelo predeterminismo mecanicista."

Eu bem que poderia deixar aos meus biógrafos – e aos af.(c)cionados [em qual reforma ortográfica foi parar este indispensável cê duplo, hein?] do *Hieros*, claro – a tarefa de justificar o porquê de no livro eu ter optado por "cona", termo pouco usado e bastante à-portuga-esado, ou melhor, lusófono (sim, caro Tolentino: cona é bom português). Mas como a existência futura dos referidos peagadês é bastante improvável e, acima de tudo, como ainda estou viva – aproveitem enquanto é tempo – pra explicar minha finíssima intenção de estilo, achei melhor ir logo esclarecendo: me empolguei tanto com a descrição linguístico-erótica de Alan em nossas conversas (remetendo "*cunt*" a ancestrais origens celtas e citando de embolada boa meia dúzia de autores famosos no endosso de "*cunt*" e "*cock*") que decidi adotar o caminho mais arriscado: bancar a intelectual metida a besta e fugir da vulgaridade vaginal das ruas, nem liguem pra minha prolixidade que é nervoso puro, pura histeria de virgem no tema.

Mas com Joyce não tive essa sorte, não, ninguém teve, essa é que é a verdade. Há segredos em Joyce que ele levou pro túmulo, sem dar a ninguém o gostinho de se sentir o máximo – "ó, decifrei essa!" –, como confessam, desavorados, os autores de certos mergulhos aprofundados na obra dele, entre eles, Luiz Gonzaga de Alvarenga, membro da Academia Goianiense de Letras e meu bom companheiro de odisseia: "Joyce é mais complicado do que aparenta. Há muito da mitologia celta em *Ulysses*, com referências múltiplas e cruzadas. É quase impossível perceber todas", se conforma ele, enquanto me envia por email um estudo absurdamente longo sobre a genealogia da rolha, ops, de *Cork*, só pra explicar o nome "Tara" da fazenda de Scarlet O'Hara, brincadeirinha, mas... ó: tô errada, L.G.A.? Pois é. Ler *Ulysses* de Joyce dá nisso: até xoxota vira discussão filológica.

Ironias à parte, essa fome bulímica de complexidade acaba pegando pelo pé as melhores intenções, comprometendo traduções e resultando, às vezes, em pérolas chafurdantes de puro *nonsense*, vejam esta: "*He-*

ads I win, tails you lose", que, só por aparecer num contexto paragráfico de *sweepstake*, Houaiss houve por bem traduzir assim: "Ponta, ganho, rabeira, perdes", é o quê mesmo, xará? Cumequié? Se qualquer criancinha bilíngue sabe muito bem que *heads or tails* é, simplesmente, "cara ou coroa"? E mais: quem pensa que é só palpite errado de minha metidíssima parte, pode ir lá no ensaio publicado de John Rickard pra conferir. Agora. Pra quem ainda não percebeu a piada (ganhei! ganhei!), olha bem aqui, presta atenção, ó: "Cara, eu ganho, coroa, você perde." Hahaha.

Taí. Mesmo enterrado, J.J. ainda passa a perna em muita gente boa. E deve rir muito de nós lá de cima, em seu território onírico de nuvens, onde o que menos importa é o resultado dessa aposta: quem pega pesado no hermetismo é que acaba jogando a conversa fora.

11. CORRESPONDÊNCIAS MÁGICAS DAS ERVAS

:lestrígones:notas:

Não, gente. Não errei de lugar. E nem de assunto. Saber, eu não sei, mas desconfio: de onde veio esse triste vício que empurrou pra cima da obra de Joyce uma carga pesada de absoluta necessidade interpretativa? No fundo, no fundo, acredito que foi jogo sujo mesmo, e tudo pra justificar a (na época) inaceitável flatulência pop de J.J., ops, eu disse flatulência? Melhor: ventosidade. Como demonstra, melhor do que qualquer análise talmúdico-numerológica de Rashi, a versão online do Projeto Gutenberg – o texto completo de *Ulysses* decodificado alfanumericamente pela frequência de palavras, indo de zero a trinta e dois mil e cacetada: *YES!*

Mais uma vez, apelei pro Alan:

– O que é que você acha, querido, dessa ideia de associar *Ulysses* à *Odisseia*, letra por letra? Encontrando sentido oculto para tudo, contando as linhas como se o romance fosse assim, uma espécie de cabala, literário manifesto de magia? Algo que exigiria, digamos, um ritual de iniciação complexo?

– Não acho nada, nem estou procurando mais nada. O que sei é que, quando leio, me coloco na pele de Bloom, e estou lá, dentro da cabeça dele, sentindo o que ele sente, pensando o que ele pensa.

Pois é. O resto é especulação da imprensa, ih: essa foi só pra rimar mesmo, enquanto Alan segue me contando que, na faculdade de Letras, escreveu um ensaio comparativo de *Ulysses* – bem, me entendam bem: ensaio eliminatório, *sine qua non* para o diploma na parede. O olho treinado de acadêmico já sabia o que encontrar e, na hora de elaborar o texto, direitinho que c.q.d. esperar, e é por conta dessa rotina insípida que a longa digressão sobre comida, quase cuspida por Bloom em seu almoço tardio de *pub*, resulta comparativamente elevada à categoria de canibalismo dos Lestrigões (em cuja ilha maldita a frota inteirinha de Odisseu – com a mágica exceção do próprio – acaba engolida, sem dó nem pimenta, com os testículos e tudo).

Cada episódio de Joyce é oficialmente equiparado ao correspondente de Homero numa tabela meio assim, esotérica, lembrando em tudo as direções da roda de cura xamânica – *subject matter* do meu primeiro texto publicado, que, nas rodinhas literárias que nunca frequento, faço questão de ocultar:

– No Episódio 8, de *Ulysses*, "Os Lestrigonianos":
Hora: uma da tarde
Cena: almoço
Órgão: esôfago
Arte: arquitetura
Cor: nenhuma
Símbolo: milico
Técnica: peristáltica
Correspondências: Antífates/fome; filha de Antífates/comida;
Lestrigonianos/dentes

– No *Eu, Xamã*, "Atributos do Norte":
Elemento: ar
Sabor: amargo
Qualidade: sabedoria
Sentimento: gratidão
Atividade: comunicação e aprendizado
Aspecto humano: mente
Plano: consciente
Corpo: mental
Signos: Gêmeos, Libra, Aquário

Corpo Celeste: Mercúrio
Época do Ano: inverno

Taí. Foi por pura magia da leitura que o xamã James Joyce, nas horas precoces dos primeiros dias do ano da graça de dois mil e oito, mudou radicalmente minha vida e, de uma vez por todas: entrei inocente no labirinto de Poldy Bloom para perder lá dentro, ao me assumir integralmente como escritora – ou bruxa, ou seja lá o que for –, a pouca modéstia que ainda me restava, mas, ops, a pergunta persiste: será que Joyce – bruxo disfarçado e sem medo nenhum de parecer ridículo – deixou registradas nalgum lugar as tais correspondências? OU TUDO NÃO PASSOU DE DELÍRIO EM BALCÃO DE BAR?

Melhor deixar logo de lado essa olimpíada da mente pra cair de boca no gozo da literatura, sério, pôr pra dentro de uma vez por todas esse fluxo prolixo da consciência de Bloom e, desta vez, sem a menor vontade de vomitar.

(*Mea culpa. Mea maxima culpa post scriptum:* descobri pesquisando que Joyce *lui-même* escreveu sim, um roteiro de trabalho – com as tais comparações, a separação em episódios, tabelas e tudo o mais –, embora nada disso apareça em *Ulysses*, claro, quem sabe ele mesmo achou bobo e acabou desistindo? E Stuart Gilbert – hermeneuta oficial do escritor – foi lá no lixo, pegou os rascunhos descartados e os guardou para a posteridade, esperando faturar algum? Hein? Eu é que não desisto nunca, não é mesmo?)

12. Intimidade

:lestrígones:

O testemunho mais tocante, mais apaixonante que já ouvi, um dia, sobre a intimidade de um relacionamento amoroso... Reconheço: não foi escrito por nenhum poeta.

Eu bem que tento:

"Nem bem começou o dia e Alan já está sentado nu, rangendo na poltro-

na barulhenta em frente à tela com seus óculos de leitura de aro preto e grosso, lembrando Sartre. As pernas pra cima apoiadas na mesa deixam entrever, florescente no meio delas, a ponta circuncidada do pênis:
– Uau, querido. Você está sexy.
Ele vem com tudo pra cima de mim. Dou-lhe uma, dou-lhe duas, dou-lhe três.
– Orgasmo múltiplo? – ele me pergunta.
– Não estou bem certa, amor. Vou pesquisar na internet pra descobrir se é.
Eu já vinha matutando, buscando uma saída pro nosso abalado casamento multinacional, Alan na cama assistindo a tevê depois de um movimento online de trabalho ou dois, eu deveria ter pensado melhor, não? Dividir meu teto já de baixo alcance com um sexagenário importado, aposentado e duro, estava pensando o quê? Que o universo conspirava?
E agora nós dois sexta-feira de manhã, relaxados na cama, brincando e rindo: o amor persiste. A crise também, eu analisando os fatos: se, pra escapar daquele inferno do Alzheimer de mamãe, eu tivesse alugado um apê sozinha, estaria aqui do mesmíssimo jeito, com pouca grana e muitas contas pra pagar. Pelo menos, com ele, estou bem comida, bem amorosamente tratada, além do papo constante, instigante e inteligente, é claro: vale a pena sim. Numa sociedade que tem sido pautada pelo sucesso material, e onde tudo custa tão caro – caro demais pro meu modesto cartão de crédito –, acabo concluindo: uma vida sexualmente normal, um casamento apaixonado na maturidade... não tem preço mesmo. Faz toda a diferença do mundo."

Já Joyce chega bem mais perto:

"Almofadada em meu paletó dobrado a cabeleira dela, esfregam minha mão sob a nuca dela as lagartas na urze, me desarruma inteira. Ó maravilha! Frescamaciada com bálsamos sua mão me tocou, acariciou: os olhos dela em mim não se esquivaram. Arrebatado sobre ela me deito, lábios plenos plenamente abertos, beijei sua boca. Mmmm. Docemente ela me deu na boca o bolo de sêmea morno e mastigado. Melosa polpa que a boca dela amassou agridoce no cuspe. Gozo: eu comi: gozo. Vida jovem, os lábios dela me deram fazendo bico. Mornos macios grudentos gelicolantes lábios. Flores eram seus olhos, me pega, querentes olhos.

Os seixos rolaram. Ela deitada quieta. Um bode. Ninguém. Em Ben de Howth os rododendros altos, uma cabrinha rondando às patascertas, soltando passas. Encoberta entre brotos de avenca ela riu braçoenvolta. Selvagem me deitei sobre ela e a beijei; os olhos, os lábios dela, o pescoço alongado dela pulsando, plenos peitos de fêmea sob a blusa velada de monja, os gordos mamilos saltados. Ardente a linguei. Ela me beijou. Eu fui beijado. Toda entregue ela emaranhou meu cabelo. Beijada, ela me beijou.
Eu. E eu agora. "

Mas o relato mais tocante, mais apaixonante de todos, não foi, na verdade, escrito por ninguém. Foi confidência em mesa de bar de uma amiga minha, já de meia-idade, brasileira, solteira, mãe de gêmeos – ambos cientistas graduados, hoje em dia desterrados – ao descrever seu caso de amor com o agora ex-marido holandês já repatriado, ex-príncipe consorte de algum país exótico, mas não me lembro qual:

"A gente acorda às oito, vai ao banheiro fazer xixi, volta pra cama e brinca um pouco até as nove."

Pois é. Bem que me avisaram que esse tipo de arranjo nunca deu certo, imaginem: casal que vai ao banheiro junto. Taí a prova: acabou em divórcio.

13. JOYCE NO COTIDIANO

:joyce no cotidiano:lestrígones:

Deu no Ancelmo:

"Em reunião de associação de funcionários, diretora da Eletrobrás acusa o governo estadual de 'matar, matar, matar.'"

Pode não parecer. Mas isso é Joyce:

"Cada qual com seu cada um, dente e unha. Gulp. Grub. Gulp. Engole ele. Saiu para o ar mais fresco e se voltou para a rua Grafton. Matar! Matar!"

14. Joyce no cotidiano II

Jargão jornalístico:

"Disparou em janeiro o consumo de ostras no Rio de Janeiro. Nessa altura do calendário, elas estão mais gostosas e carnudas por conta da temperatura de verão na água."

Jargão literário:

"Sim, mas e quanto a ostras. Feias de se ver como um coágulo de meleca. Conchas imundas. Um inferno para abri-las. Quem foi que as inventou? Lixo, esgoto, é o que elas comem. Espumante com ostras do Red Bank. Afetam o sexo. Afrodis. Ele esteve no Red Bank esta manhã. Se ele fosse ostras peixe velho na mesa quem sabe ele carne jovem na cama não junho não tem erre não tem ostras."

Tadinhos. Amor de verão na Irlanda, pelo que se viu, não tem mãozinha de ostra afrodisíaca, não, nada disso.

15. Legal sim, e daí?
(da série: Joyce no cotidiano)

Todo mundo nesse Rio de Janeiro costumava criticar a teimosia do prefeito malcriado, metido a moderno, que só dava assistência ao cidadão por email. Dá pra entender, mas penso, às vezes, que era pura má vontade. Preconceito contra a internet? Coisa mais antiga: se não fosse a internet, eu não teria conhecido Alan; se não fosse a internet, eu não teria publicado um romance; se não fosse a internet, eu não publicaria uma crônica por dia, todo santo dia. Se não fosse a internet, bem, hum: meu Projeto Irônico de *Ulysses* jamais passaria de um cavalo-de-troia, e o resultado taí, ó.

E pra não dizer que eu não tento, do jeito que posso, fazer justiça: palmas incondicionais para Mestre Houaiss, herói intelectual de um tempo onde nem se sonhava com a internet. E nem com o Google. Imaginem.

16. UM LIVRO QUE NINGUÉM LÊ

:impressões:tradutores:

Oy! Comprei Ulysses! E agora? O que fazer com um livro desses?
Leitor anônimo em comunidade de livros na internet, Israel

Quantas pessoas leem realmente os livros que compram? Em salas de chat, sob o manto protetor da anonimidade, comenta-se o assunto livremente, sem vergonha de aparentar ignorância. Ao lado de *Guerra e Paz* e de *Um Homem sem Qualidades, Ulysses* posa orgulhosamente entre os mais comprados e os menos lidos: será o raro leitor de *Ulysses* um masoquista? Há quem diga que é um livro horroroso, que só serve mesmo para peso de porta. Ou pra ser vendido no sebo pelo preço de algumas cervejas.

"Eu nunca li *Ulysses* de Joyce e provavelmente nunca o lerei", afirma, com uma espécie besta de orgulho, o francês Pierre Bayard – autor de um volume fininho e baratinho intitulado *Como falar de livros que não lemos?* –, azar o dele, não? Mesmo assim o "professor" se considera apto a mencionar Joyce em classe, já que está por dentro do assunto e da "situação" do épico romance. Bem. Saber, eu não sei, mas quem leu Bayard afirmou que isso é tudo ironia. Visto de fora, não é o que parece, e tocou no meu calo, nem quero saber. Já vou logo ignorando.

Não dá pra negar que uma breve sinopse de *Ulysses* tem lá sua breve utilidade, mas não substitui, em hipótese alguma, o prazer de mergulhar plenamente nele. Digamos assim: o enredo é um roteiro de viagem, um folheto bem-bolado de uma página ou duas com uma bela imagem na capa. Mas quem acredita que só isso basta – ou que é bastante o curto tesão que provoca, dispensando a sensação (pessoal e insubstituível) da descoberta de um mundo inteiramente novo, de uma outra cultura, paisagens exóticas e o clima excitante do desconhecido –, tsk, tsk: se ilude. Mal comparando: é como ter visitado o Louvre somente na internet e já considerar-se um *connoisseur* de História da Arte. Ou contentar-se com a "Mona Lisa" em foto de celular.

Vou contar pra vocês como é que estou lendo *Ulysses*, sim, no presente: estou lendo. Porque mesmo esta crônica sendo lida daqui, digamos, a uns dez anos, ainda estarei lendo *Ulysses*: algo dentro de mim, mais forte do que eu, me garante que estar lendo *Ulysses* é um estado permanente (e apaixonado) de alma, mais ou menos assim como estar casado com a sua alma gêmea, exagero, dirão alguns; muitos; quase todos.

Lendo *Ulysses* ainda em português, na versão de Antônio Houaiss, logo de cara me defrontei com a dificuldade: Meu Deus! Não estou entendendo nada! Que raio de palavreado estranho é esse? Truncado, trocado, travestido? Foi quando um amigo querido me indicou a versão online do original em inglês, argh, alívio: tudo começa a fazer mais sentido, ai-meu-deus, graças a Deus que eu já vinha até me sentindo burra. Mais satisfeita, prossegui na leitura, desta vez, em inglês e português ao mesmo tempo... até perceber que, pra fazer jus a uma ou duas crônicas que escrevi e a trechos de traduções que cometi, me sentia obrigada a ler também a nova versão – de Bernardina Pinheiro – para o português: agora são três.

É um amante exigente esse tal *Ulysses*. Com todo o sentido imenso que ele faz, fascinados pelo ritmo, pela droga inebriante da rima, pela graça irônica do texto genial de Joyce, a gente se perde um pouco num desvio filosófico ou outro e acaba se enganando, acreditando que aquilo é tudo. Que nada. Não deu uma semana, você se vê envolvido com dezenas de especialistas, interpretações, correspondências mágicas, diferentes visões, subtexto do subtexto do subtexto e, de quebra, ainda consegue alguns bons amigos, isso é que é panelinha boa: recomendo *meesmo*.

O problema é que nesse ponto você percebe que apenas arranhou a superfície da mina, se satisfez com a pirita dos tolos e nem chegou perto do verdadeiro ouro: mais ou menos assim como sentir-se o fodão da madrugada aos vinte anos, plenamente convencido de que ejaculação é orgasmo; ou pra falar do ponto de vista feminino, que, cá entre nós, conheço um pouco mais (mais sobre isso mais tarde): contentar-se com o ardor por desconhecer a vertigem. Tem que começar tudo de novo, já tendo agora lido a sinopse e a descrição dos dezoito capítulos (que não existem no livro, a não ser, claro, que você saiba de antemão onde e como procurar: o delírio pleno de Joyce que o próprio Joyce deixou de fora, embora mais tarde o confirmasse).

Pelo sim, pelo não: leiam *Ulysses*.

Escreve o crítico José Castello a respeito de *Macunaíma*, o símbolo modernista da literatura brasileira: "*Sua força está na linguagem vigorosa e na mistura de seu enredo, uma rapsódia, como as histórias de Homero.*" Mario de Andrade acreditava que chegou a ter nas mãos um material para obra-prima, mas deixou passar. Foi ele mesmo quem apelidou o livro: "*Macunaíma* – a obra-prima que não ficou obra-prima". Não é o caso de seu contemporâneo irlandês. James Joyce teve nas mãos material para obra-prima e a criou. Ele mesmo, aparentemente, nunca teve a menor dúvida quanto a isso, no que se deu muito bem. Ninguém leu? Azar de quem perdeu: não uma rapsódia, mas – ó, maravilha! – uma caudalosa e bem-mais-que-melodiosa sinfonia.

17. JOYCE NO COTIDIANO III

:bloomsday:joyce no cotidiano:

Do blog de Ana Guimarães, psicanalista e poeta carioca:

"Dezesseis de junho de dois mil e cinco. Do primeiro Bloomsday a gente nunca esquece. Existirão outros? Duvido, só mesmo as asas de um simpósio Joyce/Lacan para aqui me transportarem: que maravilha o Dublin Castle onde ele se realiza! Percorro, passo a passo, os lugares mencionados nas andanças de Bloom naquele distante 1904, retratadas em Ulysses."

Pois quem pensa que vou pagar o mico de escrever sobre o Bloomsday agora, em pleno verão do Rio, se engana. Só posso adiantar que se trata de uma espécie de delírio coletivo que toma de assalto a tribo dos adoradores de Joyce todo 16 de junho, o dia em que se passa *Ulysses*, o mágico dia em que James-namora-Nora *over and over again*. Isso, dizem, muda tudo. Mas só conto depois do meu primeiro.

18. Noga se lê Nora

:cartas:

É um dom de Deus uma mulher sensata e silenciosa, e nada se
compara a uma mulher bem-educada. A mulher santa e honesta é uma graça
inestimável; não há peso para pesar o valor de uma alma casta.
Eclesiástico, 26:18-20

L.G.A. pergunta:

– Noga, você sabe quem foi Nora Barnacle? Seria Bloom o *alter ego* de Joyce? Qual foi a real influência de Nora Barnacle na escrita/estilo/densidade/lirismo/e quase tudo literário de Joyce? O que aconteceu na vida de Joyce em 16 de junho?

Ai, mamãe, essa não: outro professor na minha vida, eu não aguento, sério, já não me basta viver com um? – reclamo online (entre risos) adorando o desafio, vamos por partes (o esquartejador, etc., etc.). Nora Barnacle, sim, essa eu sei: foi esposa de Joyce, com quem o escritor trocou fogosas cartas que nunca li. Mas gostaria. Bloom, um *alter ego*? Será? Li em algum lugar que o *alter ego* de Joyce é Stephen Dedalus: em *Retrato do artista quando jovem*, pelo menos, é. Em *Ulysses*, no entanto, Stephen é jovem demais para ser Joyce, hum. Por outro lado, não há como fugir da impressão de que todos os pensamentos de Bloom são, forçosamente, os pensamentos de Joyce, mas, hum, Joyce que eu saiba, embora simpatizasse com a causa, não era judeu – Sylvia Beach concorda comigo (ou sou eu quem concordaria com ela, neste caso?) e esclarece, em sua autobiografia, que, em *Ulysses*, "Stephen vai recuando e empalidecendo, enquanto Bloom emerge e vai se definindo cada vez mais, até roubar por completo a cena". Respondendo a outra pergunta, foi no dia 16 de junho de 2004 – ops, perdão, 1904 – que Jim Joyce teve seu primeiro encontro amoroso com a camareira Nora Barnacle, por quem se apaixonara ao topar com ela seis dias antes, caminhando pela Nassau Street, e com quem veio a se casar. Quanto à real influência dela, Nora, na arte de Joyce, pra ser sincera: ainda, não sei qual é. A gente tende sempre a pensar que mulher nunca apita nada, bem, com a rara exceção daqui de casa onde é a mulher que apita, ops, escreve.

"...ela deslizou a mão para dentro das calças dele sem que ele pedisse, agarrou na mão dela o aparato sexual dele e muito lentamente, sem dúvida prazerosamente, o masturbou até o orgasmo, sem desviar dos dele seus olhos calmos, de quase-santa", escreve o jornalista irlandês Stan Gebler Davies em *James Joyce – Retrato do artista.*

E o *aussie* Paddy McGuiness – respeitável editor conservador (não confundir com o homônimo e crasso comediante inglês) – cita o trecho de passagem, em artigo de 2004, publicado na véspera do centenário do "dia de Bloom":

"A história real foi escrita por Joyce em uma de suas cartas, e foi isso que J.J. celebrou em seu livro incrível, e é isso que vem sendo celebrado há vários anos pelo estranho conjunto de acadêmicos, literatos e produtores de literatura que organiza o Bloomsday. Em uma palavra: celebram uma punheta. E o mesmo termo pode ser aplicado à maioria das atividades que acontecerão amanhã."

É Luiz Gonzaga, mais uma vez, quem me envia a dica.

De: Luiz Gonzaga Alvarenga
Para: Noga Lubicz Sklar
Enviado: sábado, 19 de janeiro, 2008, 10:06
Assunto: Nora Barnacle (ou: para entender Joyce)

Nora foi a primeira e única mulher na vida de Joyce. Também era literata (palavra estranha! faltou dizer: a seu modo; suas cartas a Joyce se perderam ou foram destruídas) e sua influência sobre Joyce não pode ser minimizada.

Bloom, quando pensa em Molly (por exemplo, no trecho em Howth, que você gostou), é Joyce pensando/falando de Nora. Nora sofreu o diabo nas mãos de Joyce, mas ele a imortalizou em Molly. E sendo você, Noga, fale mais de Nora. Ela merece.

***

Agora. O que pode Noga dizer de Nora? Li algumas cartas picantes de Joyce para a esposa, mas como o Luiz Gonzaga avisou, nenhuma dela para o marido. Fica a coisa, então, restrita ao campo onírico da especulação, ops, sem o duplo sentido que tanto agradaria a Joyce, o homem que escreveu:

"...te derrubo por baixo de mim sobre este ventre macio que é o teu, te fodo por trás, como um porco monta uma porca, glorificado pelo suor que emana do teu cu fedido."

Hum. Bem. Que homenagem melhor de Noga para Nora do que a prova cabal de graça amorosa numa outra mulher que, como ela, não é casta, nem santa, nem silenciosa? Segue para ti, minha quase-xará-mais-famosa (escrita para o meu Alan em dezembro de 2004, cem anos depois das tuas para o teu Jim):

"Enfiei o dedo na cona pra sentir a forma, a umidade... e me espantei ao descobrir lá dentro uma coisa viva, um bicho com uma boca suga-dora – quase como um peixe –, engolindo o meu dedo como se fosse ar. Passei o dedo médio pela vulva, até o botãozinho rosa do lado esquerdo: meu interruptor clitoriano de gozo. Comecei devagar a acariciá-lo, com os olhos bem abertos fixados nos olhos dele – o pau dele se levanta –, enquanto ele observa, curtindo o meu ato dividindo meu prazer, meu dedo se movendo do clitóris à cona (aquela boca sugando) depois de volta, esfregando mais forte e mais rápido até o limiar do orgasmo, gri-tando o nome dele."

***

Quanto a quem ele pensa ser o verdadeiro *alter ego* de Joyce no *Ulysses*, L.G.A. preferiu não esclarecer... Deixou a pergunta no ar pra que tomasse a forma de sua própria resposta... Bem à maneira dos gran-des mestres, não? Deixando ao discípulo a tarefa de pensar, discutir, concluir: seria Joyce Stephen... e também Bloom? Confirmo a hipótese nas *CliffsNotes*. Oba.

19. Joyce no cotidiano IV

:joyce no cotidiano:nestor:

A César o que é de César:

"O movimento para adiar o pagamento do IPTU, a fim de evitar que o dinheiro seja usado com fins eleitorais, foi recebido com deboche por César Maia, prefeito da cidade do Rio de Janeiro. Ele disse que o boicote levará a uma vitória de Pirro (general grego que derrotou o exército romano numa batalha que lhe custou baixas severas)."

A Joyce o que é de Joyce:

"– Pirro, senhor? Pirro, um píer.
Todos riram. Lúgubre riso altamente malicioso. Armstrong olhou em volta para os colegas com seu perfil de bobo alegre. Num instante todos rirão mais alto, cientes de minha falta de ascendência e da mensalidade que o papai paga.
– Me explique agora – disse Stephen, tocando com o livro o ombro do garoto, – o que é um píer?
– Um píer, senhor – disse Armstrong. – Uma coisa que avança pela água. Uma espécie de ponte. O píer de Kingstown, senhor.
– O píer de Kingstown – disse Stephen. – Sim, uma ponte decepcionada."

20. Pare o drama, vote Obama
(da série: Joyce no cotidiano. No caso, no meu)

:joyce no meu cotidiano:

Às vezes, a gente perde. Às vezes, a gente ganha. Tudo bem, assim é a vida. É dia de São Sebastião e ninguém deu a mínima pra minha campanha pública de otimismo: encerro, assim – como vítima de bala perdida, e logo depois esquecida –, minha breve carreira política. Noga Sklar na prefeitura, eu, hein? Tô fora: meu negócio é literatura.

E não me venham com essa conversa mole de que é um domingo como qualquer outro, porque não é mesmo. É meu aniversário, meu e de minha mãe velhinha: há 56 anos tenho sido o presente de grego dela, e cheguei até mesmo a pensar que era uma boa dica para a aposentadoria. Mas olha aí, ó: revolucionei minha vida de novo. Batendo cabeça para o inglês Anthony Burgess, grande especialista em J.J.: ReJoyce!

21. Cartas de amor para adultos

:cartas:

Discuto com Alan as cartas eróticas de Joyce para Nora e rapidamente concluímos: o cara não é normal (risos nervosos). Agora, vem cá: alguém duvida? Escrever pornografia assim não é pra qualquer um e... bem... ler também não. Querem saber como é ver seu ídolo se mostrar assim (foram publicadas), de pica-ao-vento, sem recato nenhum, com tais tão estranhos gostos de alcova? Totalmente (a)normal, eu acho.

– Você pensa que é todo mundo assim? Como nós?

Ai, Alan. Não sei. Papai e mamãe acho que não, não eram, dá até pra entender a aflição dos filhos de Nora, suspeitos de destruir as cartas dela em resposta. Só não posso é perdoá-los por nos terem privado delas, isso nunca.

Segue meu texto original, que tinha o mesmo título deste, escrito – e publicado no blog – em novembro de 2005, enquanto eu hesitava, resistia como podia a traduzir eu mesma meu picante diálogo online com Alan, assim mesmo com tudo em minúscula:

"decidi traduzir os Cyberjournals [título provisório do Hierosgamos em inglês] e estou esquentando as turbinas. cheguei à conclusão de que ninguém melhor do que eu para traduzir meu próprio relato de trocas amorosas. afinal sou escritora, falo português, por que não? medo. paúra. fico pensando em que palavras usar ao traduzir os termos eróticos. sim, porque escrever em inglês, uma língua que até domino, mas não é a minha, aquela, na qual fui educada, condicionada, reprimida... é uma coisa. agora, falar de sexo em bom português, como é que vai ser? pesquiso horas na internet e tudo que encontro acho vulgar demais, agressivo, chulo. nossa. nesta época de amor online, bem, adultos, quando amorosamente se encontram, fazem sexo, não? e se encontros na rede se baseiam na palavra escrita, há que caprichar na descrição, ser fiel ao ato em si, excitar o outro através de um inexpressivo conjunto de letras... alan diz: palavras são palavras e nada mais, mas eu, tenho medo de empacar. no calor do ato fica tudo lindo, suor, cheiro, aperto, fricção, nada mais romântico que aquele calor súbito percorrendo a espinha, kundalini ou whatever, barrigas, seios, e... cunt in cock? em inglês, vamos combinar: soa até bem. mas como descrevê-los em português, dar nome aos bois, sendo ainda poética, transmitindo a beleza do amor? pra emocionar sem chocar o leitor, excitá-lo pela pura poesia do encontro? deus. nunca um desafio como este, ô briga boa: a deusa coroa do sexo contra a enrustida mineirinha de Belô, vamos ver como elas vão se virar..."

***

...e já que o assunto é carta de amor, tenho em casa este tesouro, esta peça única, uma carta de meu pai para minha mãe, única sobrevivente da sanha destruidora do Alzheimer dela: as outras foram rasgadas antes que eu pudesse salvá-las. agora me digam: de onde veio esta raiva toda? haveria algo de errado na história de amor que me gerou? sim, porque eu sei que a doença descontrola, desliga os botões todos, mas acreditar que uma raiva assim não existisse antes, quando o cérebro funcionava a contento... não consigo, fazer o quê? meu pai, naquela época, era um romântico maravilhoso, capaz de amor arrebatado, lindas palavras, ideias belas. enquanto eu crescia, ele já não era assim, reprimido e limitado talvez pela dureza da vida, mas é no jovem idealista, poético e apaixonado que gosto de me reconhecer, naqueles genes é que prefiro banhar os meus. vai ficando amarelinha e já meio rasgada, tadinha, em sério risco de extinção: neste dezenove de novembro, a transcrevo abaixo e, por este ato mágico de vontade, consagro eternizada a memória deste amor:

Ein Dorot, 20 de abril de 1950

Querida Eva,

Recebi ontem a tua carta que me trouxe uma alegria indescritível não só pelo fato de receber noticias tuas que já estavam atrasadas, como pelo seu conteudo, que compensou plenamente a longa espera.

A falta que sentes é correspondida e não sei se em maior gráu, mas posso te afirmar que é incalculável, tanto mais quanto vão se arrastando os dias.

De acôrdo com o que dizes entrarás no kibutz no dia 15 de junho e se não posso dizer que isso me faz feliz pois ainda faltam quasi dois meses, pelo menos entrarás um pouco antes do que nós pensávamos. Por meu lado considero a nossa situação resolvida embora ainda te restem dúvidas, mas não posso te dizer se fazes bem ou mal em não dizer aos teus pais, pois não os conheço e não sei como reagiriam, em todo caso creio que não haveria mal; eu pelo menos já dei a entender algo aos meus.

É sempre difícil, para quem passou tôda a vida ao lado aos pais separar-se, mas da forma como nós o fizemos não é tão brusco, pois não é uma decisão repentina mas o fruto de uma idéia amadurecida à qual nós vamos nos acostumando pouco a pouco. Teus pais sentirão a tua falta mas não lamentarão a tua partida se souberem que tu te sentes feliz e que encontraste alguém que se encarregue de fazê-lo.

As coisas bôas na vida não se conseguem sem dificuldade, e nós precisamos ser suficientemente fortes para transpor todos os obstáculos sem esmorecer, quando nós estamos certos de que o que nós procuramos é justo e que é aquilo que nós realmente desejamos. Eu estou certo disso.

Não posso dizer exatamente como cheguei a essa conclusão mas quando eu me propus a fazer hachshará e entrei no kibutz disposto a mudar radicalmente de vida estava convencido de que estava no caminho certo, mas sentia ainda a falta de algo que não podia definir. Essa duvida desapareceu quando te conheci e agora estou convencido que nada mais me faltará quando nós estivermos juntos. E se tu por acaso te sentires sem fôrças para dar tal passo, lembra-te que eu aqui estou à tua espera. Os pais e irmãos são insubstituíveis mas recorda que eu e todos tivemos que dar êsse passo e não me arrependo em absoluto. Além disso a separação não é definitiva pois em Eretz sempre haverá lugar para mais alguns judeus.

A data para a saída do primeiro garin está marcada para o dia 18 de Santos, isso quer dizer que na próxima semana êles sairão do kibutz. Amanhã haverá um jantar de despedida e comemoraremos também a proclamação do Estado de Israel. Para este jantar será sacrificado o perú que coitado não tem culpa alguma na história.

O kibutz está sendo muito modificado e está melhorando sensivelmente, pelo menos no aspecto, pois cortamos todo mato da frente e em frente ao refeitório, onde vamos fazer jardins e plantar árvores frutíferas. O trabalho no campo e nas uvas também está correndo normalmente. A Nagariá está fabricando os baús para a aliá e por sinal estão saindo muito bons.

Anteontem chegaram do Rio o Armando e o Cytryn e também o casal Roterman. O que eu admiro é que todos êles já te conheçam do Rio, e parece que eu fui o último, e no entanto você esperou por mim.

Na semana passada houve eleições no kibutz para escôlha da nova maskirut. Começou às nove e terminou às 4,30 da manhã. Para menahel hameshek eu creio que êles não tiveram muita sorte, pois escolheram um chaver que geralmente tem os pensamentos longe do kibutz, esperando por alguem que deve entrar brevemente, para que êle possa sossegar; já sabes que foi a mim. Calcula agora a importância da tua chegada pois não posso, por mais que me esforce, dedicar todas as horas livres para o kibutz; por isso em nome de todo o kibutz estás convocada para o quanto antes.

Aceito a sugestão da devolução pessoal dos beijos, contanto que seja em breve e aqui vai mais um vale. Como vai o teu estômago, melhor? Tome os remédios sem reclamar e sem fazer caretas.

Um saudoso abraço do
Abrahão

Notas da transcrição:
Hachshará – granja de preparação para a vida no kibutz
Eretz – pátria, no caso: Israel
Garin – grupo de emigrantes para Israel
Aliá – subida; emigração de judeus para Israel
Maskirut – secretaria
Menahel hameshek – responsável pelas finanças, tesoureiro
Chaver – companheiro, camarada

Nota da revisão: ortografia da época

22. Nefelibata

Do Aurélio: "nefelibata
[Var. pros. de nefelíbata.]
Adjetivo de dois gêneros.
Substantivo de dois gêneros.
1. Que ou quem anda ou vive nas nuvens.
2. *Fig.* Diz-se de, ou literato alambicado que despreza os processos simples, fáceis."

Joyce escreve o poema e discute a rima:

"Assim escrevem os poetas, os sons similares. Mas aí Shakespeare não tem rimas: verso branco. O fluir da linguagem é o que é. Os pensamentos. Solene."

The dreamy cloudy gull
Waves o'er the water dull

Nosso Houaiss, ao traduzir, esquece o estilo e mantém a rima:

Onírica nefelíbata gaivota
Ondula por sobre os mares sua derrota

Bem. "Gull" é "gaivota", dúvida nenhuma, mas em sentido figurado, "uma pessoa boba, fácil de ser enganada". Já "dull" quer dizer "obtuso", "entediante". Hum. Rimar é preciso, concordo... mas vou de gaivota ou de idiota? Contrariando a opção de Houaiss, sapeco um

Nublada onírica medusa
Navega sobre as ondas obtusa

e vou dormir. Mas não consigo. Me viro na cama, tomo um gole d'água, vou ao banheiro: não paro de pensar nem um minuto naquela gaivota idiota. No dia seguinte, me levanto afoita e, antes do café, já vou abrindo o *Ulysses* – isso não está nada bem – e buscando o tal poema:

"Voraz a ávida gaivota/ Revoa o mar e se abarrota", uai, parece bom... mas não era assim, disso eu tenho certeza... Volto ao inglês original: *"The hungry famished gull/ Flaps o'er the water dull"*, e não custo a desvendar o mistério: dez páginas depois dos primeiros versos, Joyce reescreve o poema e muda as palavras sutilmente, mantendo ritmo e rima, enquanto... Ah, gente! Altera o sentido c-o-m-p-l-e-t-a-m-e-n-t-e! Agora, sim: tenho certeza de que é mesmo idiota, mas é tarde demais: a bendita gaivota já tinha me conquistado. Ou, pelo menos, o gênero pássaro... já que, num golpe de sorte, descubro no Aurélio que "pomba", em português, tem também o sentido figurado de "pessoa ingênua, sem maldade". Bingo! Tasco no teclado um

> *Nublada onírica esvoaçante*
> *A pomba sobre o mar maçante*

e saio esvoejando apaziguada pelo dia afora, converso, encontro amigos, respondo meia dúzia de emails mas, engajado e subconsciente, não me larga o verso descontente. Bem que o espírito de Joyce podia, ô devaneio, enviar como um pombo-correio a solução do drama, vai sonhando... e... não é que sonhei? Me levantei tropeçando no escuro, o som sonolento escapando da boca, caneta ao papel confiando no tato visando impedir que o achado se perdesse. De manhã cedo encaixo o termo extra na trama

> *Nublada onírica esvoaçante*
> *Adeja a pomba sobre o mar maçante*

onde cai muito bem, isto é, pelo menos até o *insight* seguinte, sabem como é. Só na tradução daquele trecho de carta, "como um porco monta uma porca", já mudei "porco" por "cervo" e de volta umas vinte vezes, como se a vida na terra dependesse disso. Ou a minha felicidade. Já deu pra entender por que é que nem penso em traduzir *Ulysses*, né? Nem se eu tivesse duas vidas teria tempo pra isso.

Ou soaria melhor: "a pomba adeja sobre o mar maçante"? Hein?

23. Joyce no cotidiano V

:joyce no cotidiano:proteu:

Em reunião de família, sempre ela!, por falta absoluta de outro assunto no qual não me arriscasse a ser direta e publicamente desacreditada, decidi compartilhar a emocionante vitória obtida no "caso do buraco", como se segue: solicitando (por email mesmo) a atenção do ilustre Prefeito, consegui que o departamento de obras do Município, contra qualquer expectativa menos otimista, comparecesse em menos de 24 horas à Timóteo da Costa, imaginem, e reparasse um dano que já perdurava há meses.

Ah, gente, pra quê? Quem quis saber do meu triunfo, qualificado como "ilusão" por todos –, convencidos de que nada adianta nada, embora, é claro, nenhum deles nunca tenha *tentado* nada? Me acusaram de estar mais feliz com minha própria "brilhante atuação" do que com o efetivo fechamento do buraco, ah, é muito pouco amor pra nenhum respeito com o outro, não?

Das *CliffsNotes*, se servir de algum consolo:

"Stephen precisa desembaraçar a realidade do seu passado de memórias ofuscantes; precisa descobrir quem realmente é, confrontado com a pessoa que outros, como Buck Mulligan, pensam que ele é."

Taí. Um Joyce bem interpretado dispensa qualquer Freud.

24. Ulysses: o retorno

:notas:tradutores:

Antes que eu percebesse já estava no fundo do poço, havia perdido completamente o gozo da leitura. O que era riso fácil virou crise dramática de doutorado, meu travesseiro macio convertido em cadeira dura, o espaldar ripado machucando a coluna sem esperança alguma de recobrar aquele velho, apaixonante tesão por *Ulysses*: como distribuir na cama todos os livros – e mais teses impressas, links e sites no notebook, dicionários, telefone sem fio, parafernália premente para ser consultada a qualquer momento e, imaginem, somente pra engolir o texto? O que era viagem se tornou voragem, e meu voo livre em balão de ar, um árido balcão de repartição pública.

Quando dei por mim, discutia ferozmente o sotaque exato de um bêbado Bloom com um acadêmico desses – mil vezes mais versado do que eu nas engrenagens teóricas do ensaio –, antecipando um prazer que só viria, de fato, páginas mais tarde: ao ler *"sheeny nachez"* no texto original, levei três dias só para, num grito eufórico, pescar o sentido oral da coisa, me descolando do prévio exemplo alheio no que, para mim, soava como o velho e bom iídiche: "sheine = belo"; "narres = gosto" [ou mais do que gosto um sentimento de orgulho, de prazer indescritível decorrente do bem-feito alheio – um filho, por exemplo, bem casado, encaminhado na vida], mas, não deu pra acreditar: seria isso mesmo? Tá certo que eu, no caso, e ainda mais se tratando de Joyce, entendia que se tratava de ironia, do aparente contrário ao pretendido: sem noção do contexto exato reconhecia sem dúvida, neste tipo de efeito, um artifício comum na literatura tradicional judaica (como eu penso que o faria, caso o fizesse, levando em conta a experiência pessoal: minha lembrança afetiva do sotaque de vovó, já despertada por Joyce, em página anterior, com o judaico "cutlet" – bolinho ensopado de carne).

Verdade seja dita: quanto mais eu me afundo nela, mais percebo o quanto é difícil penetrar na cabeça de Joyce. Melhor deixar que ele entre na nossa, mas... e quanto ao sabor? O gostinho único da língua? Que belo engodo essa tradução, hein? Como foi que "sheeny nachez" resultou num "zi né um badrize limbo" na versão de Houaiss? Hein? L.G.A. vai mais longe: "a coisa tem ramificações, por exemplo, 'Um judeu!? – exclamou Buck Mulligan', no original: 'The sheeny! Buck Mulligan cried.' Traduz-se (literalmente) por: 'O lustroso! Buck Mulligan gritou.' A tradução de Houaiss se explica porque 'sheeny' – como também as expressões *kike* e *hymie* – é um termo ofensivo aos judeus, e ainda na expressão que se achará mais adiante – *Goim nachez*: o prazer orgulhoso dos gentios (com escárnio)."

Mais uma vez, é a mão genial e geniosa de Joyce que me resgata do limbo erudito, pois se ele escreveu o *Ulysses* dele com o de Homero do lado, nada mais justo que eu escreva o meu com o dele ao meu lado e nada mais, de volta à intuição, à intenção gostosa, à quase inconsciente fruição da arte, já que, vocês sabem: outras têm amado, mas gata, ai, só

Zélia é (*)², ui, com essa passei dos limites: o jogo jocoso do enredo se enreda no jugo da língua, ah, é, fico devendo mais essa. [A.E., I Owe You – de A.E.I.O.U., um dos mais notórios acrônimos da língua inglesa, adivinhem: criado por Joyce em *Ulysses*]. Valeu mesmo.

25. BERNARDINA

:tradutores:

> – *J.J.? lerdo lúbrico linguista... ou métrica ou rima, a palavra e seu tom...*
> *mas desta vez em português, para que eu ouça o ritmo original da mente.*
> N. Sklar, *Hierosgamos [português: ele erra sempre esta grafia]*

Conversando comigo na cama Alan me explica como e por que desistiu da carreira acadêmica: confrontado com a exigência de escrever um ensaio teórico – analisando, vírgula a vírgula, a ordem expressa das palavras e cada intenção velada de determinado clássico da literatura –, percebeu que era a vida real que lhe interessava, não o vazio exercício do intelecto que na prática não conduzia a nada, ou melhor, conduzia sim: à (des)lambida admiração de uma meia dúzia de colegas (e antagonistas) intelectuais. E o prazer da leitura? Francamente. Quem se prende demais à receita de um prato enfrenta o perigo de errar no tempero. Quanto a mim, não me interessa nem um pouco a detalhada análise das cores que se acendem no cérebro durante o coito, se é que vocês me entendem: o que eu quero é sentir o orgasmo.

Esse *Ulysses*, por exemplo, costuma fazer a festa (e ressaca) dos professores de Letras, entre eles Bernardina Pinheiro, uma das poucas especialistas vivas no assunto que fala, lê e escreve português e, além disso – que inveja, meu Deus –, é membro da International James Joyce Foundation. Antiga tradutora da obra de Joyce – segundo ela própria, um desafio um tanto assustador –, Bernardina fez pesquisa de pós-doutorado sobre a obra dele em Dublin e na University College de Londres

---

2 (*) de J.J., no original: "If others have their will Ann hath a way", nessa até o Houaiss capitulou, se conformou com uma nota ao pé da página: Se outras têm sua vontade (will, de William Shakespeare) Ann tem um caminho (Ann Hathaway, esposa do bardo, "a que morreu para a literatura antes mesmo de ter nascido").

e, na introdução de sua tradução de *Ulysses*, confessa que somente o encantamento pelo "estilo harmoniosamente adequado ao conteúdo, pela sonoridade das palavras, pela melodia, cadência e ritmo da linguagem" de J.J. deu a ela a coragem de enfrentá-lo, bravo aí, doutora: penhorada, a galera agradece.

É preciso reconhecer: minha vida mudou com a entrada em cena da edição suavizada de Bernardina, algo assim mais ou menos como um "*Ulysses* Decodificado". Seu objetivo maior foi divulgar *Ulysses* e nisso, estou com ela e não abro, eita fã-clube diversificado: cada um tirando a lasquinha a seu modo, eu, pelo menos, tento. Ler *Ulysses* sob a competente supervisão dela dá uma segurança danada: imagino que seja o que se entende por "versão anotada", tradição bastante respeitada no circuito internacional, e a nossa está à altura. Mas tem um problema: enquanto a visão de Houaiss é uma aventura na selva do intelecto – um obstáculo a cada virada de página, dúvida instigante, permanente e insinuante quanto à nossa própria capacidade de entendimento, mas ao decifrá-la... que deslumbramento! –, a de Bernardina é uma visita guiada, num ônibus cafona desses de dois andares – sentadinhos no andar de cima, é claro, como qualquer turista deslumbrado. Outra: ler *Ulysses by* Houaiss equivale a um livre mergulho de snorkel entre corais multicoloridos, podendo tocá-los, senti-los lhe arranhando a pele para emergir sangrando, mas em triunfo. Já *by* Bernardina é como observá-los de longe, bem acomodados no banco novinho de um barco daqueles com fundo de vidro, a Skol geladinha na mão: pode até surpreender, mas assustar, não assusta. E isso é bom, quer dizer, suponho que seja e por ora basta (de metáforas).

A edição da Objetiva é uma maravilha, caprichadíssima. Traz no final a mais perfeita tradução das notas de Cliffs, de Rickard e de outros que não cito, porque os desconheço. Explica tintim por tintim o teor de cada episódio, as correspondências homéricas, as dificuldades intransponíveis nos muitos e variados trocadilhos, a maioria deles em intraduzível tom local. Acreditem ou não, tem até um mapa ampliado de Dublin, isto é, das quadras de Dublin percorridas por Bloom: se eu um dia andar por lá, não me esquecerei de consultar. Por outro lado, por estar o texto principal muito bem dividido em 18 capítulos destacados, deixa a falsa impressão de que Joyce os fez assim, cortando o barato sem regras do jogo. Moral da história: nada, por enquanto, substitui a contento o original em inglês. E em francês, em gaélico, italiano, grego, em latim, alemão, em iídiche. Em transliterado inglês caipira. Em belcantês.

Já o professor e escritor goianiense Luiz Gonzaga de Alvarenga – outro fã declarado (mas bem menos badalado) de Joyce – faz um tipo de mentor intelectual bem mais interessante: joga aos nossos pés as questões instigantes, envia links, nos põe pra pensar. Em vez de vender o peixe nos entrega o anzol, ensinando a distinguir alimento de isca: ao ler Joyce, a gente pesca e ao mesmo tempo é pescado, se é que vocês me entendem. E se quiser, pode optar até mesmo por comê-lo cru – sem perdão para a pressa –, desde que primorosa e delicadamente preparado em delgadas fatias saborosas e acompanhado, como a tradição comanda, de seu regional tempero picante (que Bernardina, infelizmente, adoça). Na melhor tradição de tradução traidora, L.G.A. confronta Bernardina e Houaiss, enquanto intermedia o debate com algumas sugestões pessoais:

J.J. – *His curling shaven lips laughed and the edges of his white glittering teeth.*

A.H. – Seus curvos lábios escanhoados riam e as pontas de seus brancos dentes resplandecentes.

B.P. – Seus lábios crispados e barbeados riram assim como as pontas dos seus dentes brancos cintilantes.

L.G.A. – Seus escanhoados lábios rosnantes riam e as pontas de seus brancos dentes resplandeciam.

(Uma das acepções do termo *curling* é: *to raise and turn under the upper lip as in snarling*, ou seja: elevar e distender o lábio superior, como quando ao rosnar./L.G.A.)

***

J.J. – *His mother's prostrate body the fiery Columbanus in holy zeal bestrode.*

A.H. – O corpo prostrado de sua mãe dele o fogoso Columbano montara em tesão sagrada.

B.P. – O corpo prostrado de sua mãe o ardente Columbano em seu zelo sagrado passou por cima.

L.G.A. – O corpo prostrado de sua mãe o fogoso Columbano em sagrado zelo protegia.

(São Columbano foi um monge missionário saído da Irlanda para evangelizar a Europa Ocidental. Viveu de 543 a 615. O verbo *bestride* possui vários sentidos: montar; abarcar; proteger; ultrapassar a passo largo. Esta última acepção estaria de acordo com um conhecido episódio da vida deste santo: desejando ele ir para a Europa em missão evangelizadora, sua mãe se opôs, prostrando-se ante ele. Contrariado, Columbano passou-lhe por cima ao ir-se (tradução de Bernardina). Mas cabe também outra interpretação. Por ser ele um santo, a referência do texto talvez faça alusão à existência de um quadro (com sua imagem) acima da cama da mulher agonizante ("sua mãe", no caso, não seria a mãe de Columbano, e sim a mãe do personagem Stephen Dedalus). A versão de Houaiss é destituída de sentido./L.G.A.)

***

J.J. – *Buss her, wap in rogues rum lingo, for, O, my dimber wapping dell!*
A.H. – Beijoca-a, fode com sabida lenga de esbórnia, oh minha bela putinha fodedora.
B.P. – Beijem-na, façam amor com ela, digam-lhe coisas bonitas, pois, Ó, ela é minha bonita e encantadora garota!
L.G.A. – Beije-a, fode-a, xingue-a nesta língua estranha de velhaco, oh minha bela putinha fodedora.
(A tradução de Houaiss segue o original, que apresenta várias palavras de baixo calão: *dell* significa: prostituta ou meretriz de grandes seios; *wap* significa: copular; foder (vulgar); *dimber* significa: simpática, bela, encantadora./L.G.A.)

N.d.N. (Notas de Noga): a expressão "minha putinha fodedora" aparece nas cartas a Nora (uma pequena edição delas, de apenas 500 exemplares, foi publicada em São Paulo, em 1982, pelos editores Massao Ohno e Roswitha Kempf) e é, aparentemente, uma favorita de Joyce: "Assim era Nora, tão voluptuosa quanto Joyce, 'de espírito simples, excitável, de voz grave, sonolenta e impaciente', a quem ele chamava, nos momentos de carinho, de 'minha adorada menininha de convento' ou 'minha colegial travessa de olhar lânguido' e, nas cartas mais sensuais, 'minha amante-zinha punheteira, minha putinha fodedora', referindo-se ao seu corpo como 'musical e estranho e perfumado'."

26. Joyce no cotidiano VI

:joyce no cotidiano:lestrígones:

Saiu no "Gente Boa", de Joaquim Ferreira dos Santos:

"D. João VI tinha tanto medo da maçonaria quanto o diabo da cruz. Quando descobriu que seu ajudante de ordens, o Conde de Paraty, era maçom, obrigou-o a se vestir de padre franciscano por duas semanas até abandonar a crença."

Está em *Ulysses*, de James Joyce:

"– Ah, é uma linda confraria, disse Nosey Flynn. Agarram-se a ti quan-do estás por baixo. Sei de um sujeito que queria entrar nela, mas são fechados como os diabos. Por Deus, acertaram em deixar as mulheres de fora.
Davy Byrne nutibocejissorriu tudo de uma vez:
– Uuuuuhaaaiaaii!
– Houve uma mulher, disse Nosey Flynn, se escondeu num relógio para descobrir o que faziam. Mas com os diabos sentiram o cheiro dela e a juramentaram no ato como Mestre Maçom."

27. Paradigmas

:cila e caribde:

Em *Alucinações Musicais*, que leio para me distrair de *Ulysses*, um perplexo Oliver Sacks (que, como Joyce, imaginem, ficou cego de um olho) analisa as transformações de gosto que um de seus pacientes ex-perimenta ao ser atingido por um raio: uma iniciação xamânica clássica.

Antes indiferente, o médico de agora, mero sobrevivente, vive para a música, come e mora em música – um acidente feliz, não? –, difícil é não creditar a uma causa sobrenatural o enlevo de tal mudança: abaixo as teorias redutoras de plasticidade do cérebro.

***

"A arte deve nos revelar ideias, informes essências espirituais. A questão suprema sobre uma obra de arte é a profundidade da vida que brota dela. O resto é especulação de um colegial para outros", afirma A.E., o poeta George Russell, no nono episódio de *Ulysses* – "Cila e Caribde", técnica: dialética.

***

Se fosse hoje, o que escaparia ao rótulo maldito de especulação? Hein? E praticada por quem já mal se lembra dos tempos de colégio? Não a arte, certamente que não. E o espírito? Menos ainda. Ah, o espírito: que perda de tempo. A vida esotérica não é pra qualquer um, diagnostica Joyce pela irônica boca idealista de Stephen Dedalus – seu jovem *alter ego* quando artista –, antes que a dor da vida o transforme num Bloom traído qualquer. Entre ovos áuricos cintilantes e um corpo de carne que muda, completamente, a cada seis meses – exagero: a cada seis anos, todo mundo sabe –, J.J. oscila hilário entre crente e sarcástico, entre o ridículo e o radical.

Nada mudou desde então. Embora a alma, também por vezes ridícula, anseie interminavelmente por mudanças radicais: o fim dos tempos; os novos tempos; ascensão; aposcalipso: mulatas calipígias em ritmo de carnaval. De vênus a vênias, o corpo é uma mercadoria de segunda mão que inevitavelmente "se esvai na impalpabilidade através da morte, através da ausência, através da mudança de hábitos", menos, Noga, menos: fuja do advérbio como o leitor do debate! Ninguém (nestes tempos modernos) se dispõe a pouco mais que monossílabos e, por favor, nada de devaneios: seja prática; pragmática; esporádica. Ops.

Arte. Dinheiro. Crise. E entre um e outro exercitar o espírito quando tudo o mais, ao contrário do que parece, se encolhe na esfera da intangibilidade. Quem somos? Para onde vamos? De onde viemos? Afirmam os profetas do improvável: temos vivido no fio da navalha do fim do mundo como o conhecemos, no limiar de uma grande, definitiva transformação. Para melhor? Para pior? Não sei. Mas se existe algo que anseia, precisa, procura renascer de nós é a concreta possibilidade de um fim de tarde erudito jogando conversa fora, exatamente como Joyce o descreve: debatendo os destinos do mundo e antecipando o (inevitável) recrudescimento da arte.

Transformado em espectro pela morte do corpo, relegado a espectro por ausências do espírito, regenerado enquanto espectro pelo amor da arte e da literatura, James Joyce nos envia do além a receita definitiva da pós-modernidade. Tem por aqui quem a consuma com gosto.

28. Joyce no cotidiano VII

:joyce no cotidiano:

Eu que não sou besta de entrar nesse debate e, dando uma de esnobe, dizer qual livro levaria para a tal ilha deserta. Muita gente na roda reclamou, até mesmo, imaginem, o principal personagem do conto em discussão: "Só um? Unzinho só? Me mato antes. Prefiro nenhum."

Mas, cá entre nós, na encolha e sem muita escolha, pra vocês posso confessar: eu levaria *Ulysses*. No original, é claro – com riso e rima, lirismo, charada e ritmo – que não estou pra ocupar meu tempo com um texto intragável, Deus me livre disso, e nem mastigado demais. Sozinha na ilha com ele ficaria muito bem, morrendo de rir, anos e anos relendo a mesmíssima e nunca a mesma coisa, gritando feliz da vida para o nada e para ninguém:

– Ai, gente! Que incrível! Finalmente, descobri, olhem só que genial a sacada brilhante de Joyce nesta passagem aqui, ó! Venho lendo este livro já faz uns vinte anos... e só agora entendi, pode?

Bum. Morri.

29. INTELECTUAL, EU?

:cila e caribde:tradutores:

sim. é de paixão que falo, e de mente. morar no Rio não, não moro:
é aí que bate o ponto.
Alan Sklar, *in Hierosgamos*

Pois, vejam vocês: a noite inteira naquele pesadelo infame embora na verdade eu tenha dormido bem, profundamente, cabeça largada na mesa sobre os braços exaustos, vigiada de perto pelo cinzento bibliotecário quacre e acompanhando atenta a discussão – inteligente demais pra minha pobre erudição. Sem entender (quase) nada, claro. Acordei com a cena impressionante de Alan nu – em pé no meio do quarto, metido num sarongue improvisado de toalha preta barata – na ponta da língua a voz poderosa, destemida, profundamente envolvida num Shakespeare vociferante:

Life's but a walking shadow, a poor player
That struts and frets his hour upon the stage
And then is heard no more: it is a tale
Told by an idiot, full of sound and fury,
Signifying nothing.

Conhecem? É de *Macbeth*. Atraída pela força da imagem, eu não tinha a menor ideia de onde é que encaixaria isso quando, num rápido passar de olhos pelo jornal de domingo, dei de cara com um Noam Chomsky: "Não levo muito a sério o termo 'intelectual'. Algumas das pessoas mais educadas, sofisticadas e astutas que conheci tiveram pouca educação formal. Chamamos pessoas de 'intelectuais' se são suficientemente privilegiadas para serem capazes de seguir a vida da mente e usar o privilégio para tentar explicar questões humanas em geral", que tal? Gostaram? Taí: é aí que bate o ponto, ou pra tornar a referência mais clara, *and there's the rub*: é Shakespeare, é *Hamlet*.

Nada disso está em *Ulysses*, claro, com exceção do papo erudito na biblioteca e da frase imortal de Shakespeare misturada no (con)texto como se fosse nada, sem mais barulho por nada num imperdível milk-shake literário, nada com que eu não possa lidar: aqui em casa é a mesma coisa o tempo todo, um debate ferino constante, carregado de brilhantismo irônico e grávido de referências. Mas é claro que em *Ulysses* é tudo à enésima potência e, se até hoje os fiz acreditar (me fiz acreditar) que ler James Joyce era tarefa fácil, divertida, descomprometida – quase como uma aventura em quadrinhos, só que metida a besta –, chegou a hora de desfazer o equívoco. Tropecei, gente. E tropecei feio: o grande debate literário do nono episódio é duro de engolir, uma total curtição intelectual.

É claro que eu poderia passar batido, me limitar ao mais humano em mim, ops, em Joyce, mas não é o que eu quero: quero é enfrentar o desafio. E como não me chamo Alan, nem sou formada em literatura inglesa nem pós-graduada, conheço um pouco de Shakespeare mas nada de Shelley, nem de Dante, bem pouco de Wilde, nada de O'Neill Russell ou Synge ou Príncipes de Tiro – tentados e naufragados no mar profundo na busca inútil da boa rima ou do ritmo correto da mente –, sigo capengando assim mesmo: à razão de uma ou duas páginas por dia, mas sempre cafungando a fundo. Embora entendendo que "um homem de gênio não comete erros", porque "seus erros são voluntários e são portais de descoberta", e mesmo sabendo que no fundo no fundo tudo se resume a discutir quem traiu quem, quem dormiu com quem e quem provou ser mais esperto que quem, quero ler tudo, apre(e)nder de um tudo: pela pena de Joyce, até fofoca maldosa é digna de um Nobel, um licor venenoso genial que, derramado nos "pavilhões do ouvido adormecido", nos leva desta para uma muito melhor. *Terrivelmente esperto, não?*

Com o coração mais leve, retomo alegre o meu instigante espetáculo idiota particular de som e fúria enquanto vos deixo com este Shelley que tanto me fascinou (via J.J., claro), "no intenso instante da imaginação: quando a mente é um carvão evanescente, aquilo que fui é aquilo que sou aquilo que em possibilidade eu possa vir a ser", uma batalha que, sim, vale a pena enfrentar.

Acabo concluindo que Chomsky está completamente errado: uma boa educação formal faz falta, sim, e a ausência dela empobrece um bocado a vida, isso sim. Ser intelectual? Acho chique. Criativo. Inteligente. *What have I learned? Of them? Of me?*

Ter um vasto domínio da literatura deve ser (imagino) gostoso à beça: como fazer sexo no café da manhã, se é que vocês me entendem, bem melhor do que ovos mexidos, ai, foi mal. Perdoem-me o trocadilho picante-porém-infame. Ninguém me merece.

30. Joyce no cotidiano VIII

:joyce no cotidiano:

Por insistência de um amigo me deixo levar contra a vontade a preencher um currículo na TV Globo. Em determinada linha do formulário, o nosso Grande Irmão quer saber se conheço alguém na empresa: hoje em dia, vocês sabem, é tudo uma questão de QI [Quem Indica]. Ops. Hoje em dia? Mas o que é que estou dizendo?

Confiram em *Ulysses* (e até bem antes dele): *Amplius. In societate humana hac est maxime necessarium ut sit amicitia inter multos* [tradução e nota de L.G.A.: "Além disso, na sociedade humana a amizade entre os muitos é uma necessidade vital", por Tomás de Aquino, *Summa contra Gentiles*], em bom português: pra vencer na vida, ser bem relacionado é fundamental. Ih. Dancei feio nessa.

31. Citações
(da série: Joyce no meu cotidiano)

:joyce no meu cotidiano:

Me acusaram de ter cometido um apego excessivo a citações literárias no arrastado e pedante *Hierosgamos,* romance realmente irritante, pesado até no nome. Eis aí diferença importante entre discípulo e mestre: o que em mim é pecado mortal chega a ser, em *Ulysses,* um dos aspectos mais atraentes e intrigantes. Joyce antecipou, em sua obra, o enriquecedor estilo em camadas do hipertexto: cada citação dele é como um link, desdobrando em si mesmo um sutil subtexto do subtexto do subtexto. Bom exemplo disso, e de como nisso as traduções se perdem, é a referência ao Shylock de *O mercador de Veneza*: o explícito *"exacted his pound of flesh in interest"* de um Shakespeare sanguinário, radical como poucos (Joyce declara em *Ulysses* que "depois de Deus foi Shakespeare quem mais criou"), é amortecido em português com um "lhe arrancou a pele com juros" (B.P.), ou "reivindicou sua fibra de carne como juros" (A.H., um pouco mais fiel ao texto original), quando, na verdade, o que espanta e deslumbra na peça é a solução genial do "magistrado" na corte, exigindo que Shylock cobre sua "libra de carne" sem derramar nem uma gota do sangue de seu credor. Pois Joyce nos fala de tudo isso simplesmente linkando – e mais: combate a ideia do antissemitismo ao evocar (em nossa memória) outra passagem de mesma origem: *"If you prick us, do we not bleed? if you tickle us, do we not laugh? if you poison us, do we not die? and if you wrong us, shall we not revenge?"* – o que, vamos combinar: é bem mais profundo do que um prosaico e levemente metafórico "arrancar a pele".

O que me lembra uma historinha zen que Alan vive repetindo:

"Um jovem monge põe-se sob a tutela de renomado mestre oriental.

– Mestre – pergunta ele, – qual é o sentido da vida? – E recebe em troca uma surpreendente vergastada, sendo orientado pelo Mestre a vagar por cinco anos em busca da resposta. De volta ao mosteiro, arrisca novamente:

– Mestre, qual é o sentido da vida? – Mais uma vergastada e mais dez anos de peregrinação. Finalmente, após dezesseis anos de evasivas, recebe do Mestre uma resposta digna:

– A vida, meu caro, é uma tigela de cerejas.

– Mas, Mestre, isso é tudo?

Ele se decepciona.

– Vaguei pelo mundo por longos dezesseis anos, para, ao cabo de tudo, escutar do senhor que *a vida é uma tigela de cerejas*?

Ao que o mestre respondeu:

– E não é?"

Pois é. O problema aqui é que, para tornar-se Mestre, não basta desvendar o mistério da tigela: é preciso, bem mais do que isso, descobrir quantas, e que tipo de cerejas estão dentro dela. E depois comê-las com gosto pra saber se estão doces, é claro.

32. Matriosca

:rochedos serpeantes:

Que *Ulysses* de Joyce é um instigante e amedrontador esquema mental não-linear acredito que, a esta altura, todo mundo – ou pelo menos quem curte literatura – já está sabendo.

O que não tenho tanta certeza assim de que esteja em domínio do público é a existência, dentro do livro, de um minilabirinto de dezoito cenas curtas – que se passam nas ruas de Dublin e onde aparecem quase todos os personagens, "descritos isoladamente em seus afazeres dentro do contexto da comunidade dublinense a que pertencem" (B.P.) – relacionadas, de certa forma, aos dezoito episódios do grande (literalmente) romance: um livro dentro do livro como uma matriosca.

De acordo com L.G.A., meu personal tutor de *Ulysses* – uau, coisa mais chique, sô –, o tal labirinto é um divisor de águas da complexidade: se antes dele *Ulysses* é puro deleite e diversão, depois de passar por ele o bicho promete pegar pesado. Estou me preparando para entrar lá, e se eu sair sã e salva do outro lado – com a mente preservada e devidamente exercitada –, prometo contar tudinho pra vocês.

Dizem que Joyce escreveu o episódio, intitulado "Rochedos Serpeantes" – ou conforme a versão escolhida, "As rochas ondulantes" –, com um mapa de Dublin à frente, e que mais de um fã, ao tentar num pé só (em representação fiel do marinheiro perneta) percorrer as ruas, descobriu que o escritor foi exato no timing.

Neste capítulo – está nas *CliffsNotes* –, o ardiloso irlandês parece avisar ao seu leitor: "Você veio até aqui em nove episódios e está pensando que conhece realmente Dublin e meu método literário. Cuidado: você está confiante demais" – quem? eeuu?? –; "Dublin e meus métodos não são nem simples nem facilmente percebidos". Caramba. Nada aqui é o que parece ser, ai que meda.

"Mas quem, em todo o mundo (e olhe que pesquisei a fundo) sequer desconfiou que o episódio 15 ('Circe') é escrito na forma de uma peça do Grand Guignol [Teatro do Grande Palhaço]?", me escreve o Luiz, ai, gente, que coisa mais tarantino! Estou que não me aguento de tanta ansiedade! E continua: "É por isso que ninguém entende este episódio e, ou salta rapidamente para outras partes, ou desiste da leitura (se não o fez no episódio 11, que é quando a coisa começa a complicar)", ai, meu Deus. Que paixão mais louca é essa, hein?...

33. UM PASSO À FRENTE, UM PASSO ATRÁS

:hades:éolo:

Marcha assim, hesitante, a força motriz da matriz emocional humana. O poema tumular se esvaiu na poeira do tempo, mas a dor dele, não: aparentemente, não se esvai nunca, e é a dor da mente, não a do coração, que me faz estancar silente às portas de um novo desafio, em forma caprichosa de labirinto. São questões pendentes, pedantes ou mal compreendidas que deixei para trás como um mau leitor de Joyce – um leitor apressado e desatento de *Ulysses* – e, antes de prosseguir, volto na história em busca do trecho perdido: aos romeiros do Santo Graal se demanda um coração inocente, e o meu não é. Penso mal de muita gente. De quase todo mundo.

Suprimida a referência à frase no texto – "uma pera descascada sob um muro de cemitério. Cemitério colocado, claro, por conta de simetria" – que acabou eliminada da versão de Houaiss, espanto não há: só meu dedo intrigante, enfiado sem pena no olho hesitante da mente, evitando o conflito a qualquer custo e consubstanciando na memória do pai a dor de filha, como a parte intragável, ou deteriorável, do curto artigo entimemático [a nota é de L.G.A., esclarecendo o significado de entimemática, técnica utilizada por Joyce em "Éolo", sétimo episódio de *Ulysses*: "Na lógica, o entimema é uma figura de pensamento onde se obtém uma conclusão a partir da veracidade da afirmação oposta. Como uma das premissas se omite (por sua obviedade), ele é chamado silogismo abreviado. Exemplo: se todos os seres vivos são mortais, então o homem é mortal. O entimema é um argumento retórico, ou argumento de oratória."], nada *de tolo* nisso, *não é*? Principalmente no meu caso (um simples trauma de cemitério), por ter passado em branco pelo funeral do texto ou deixado passar em branco o funeral real de meu próprio pai, mas, neste, não posso voltar atrás: transformou-se para sempre em trama ruim de cemitério.

Posto bem cedo (e mais de repente, impossível) pra fora de cena – mas não através do suicídio como o pai de Bloom, embora até hoje o constrangimento geral ao se falar dele não destoe muito da "agonia mortal por falar de suicídio diante de Bloom" na carruagem fúnebre, em "Hades": a falta de reflexão familiar sobre o tema resulta em fantasias insones de um (im?)provável e involuntário suicídio, alimentadas pela

lembrança triste do olhar descrente do falecido pouco antes de morrer –
deixando tramas inacabadas e uma carta de instruções para o advogado.
Agora. Se esta história (a minha) permanece inconclusa, não é por outro motivo senão por ausência de uma memória visual – contundente e
inapelante – do corpo morto baixando na cova e, se mais não fosse, por
ter meu avô se recusado a reproduzir na pedra definitiva do túmulo dele
(meu pai) um poema tumular de adolescente (meu): assuntos silentes,
assuntos prudentes de cemitério que ninguém enfrenta e por isso engo-
lidos, como pera com casca, por falta absoluta de alguma simetria que
os explique ou que com a explicação naturalmente os dilua, dissolvendo
o horror dolorido do coração travado e tramando, num passo de dança
muito bem explicadinho, a inexistência de demência futura.

Pronto. Confissão cuspida, a memória espinhosa do tema convenientemente distorcida – e, reconheço: por mais que o tempo tente
obliterá-la, pra sempre presente na teia perene da mente –, já posso seguir, com um passo resoluto à frente: pra dentro e por cima do enredado
labirinto (do amor não-resolvido).

34. O QUE HÁ NUM NOME?

:hades:notas:rochedos serpeantes:tradutores:

Está no Aurélio, juro:

*"Símbolo: elemento descritivo ou narrativo suscetível de dupla in-
terpretação, associada quer ao plano das ideias, quer ao plano real. Certos
escritores, entre eles James Joyce, usam os símbolos como elementos básicos da expressão."*

Há coisas que eu vejo em *Ulysses* que eu sei que ninguém mais
vê, e isso, com tantos estudos aprofundados nos trinques e truques de
James Joyce. Nunca me senti assim em relação a livro nenhum e, não,
não é que eu seja mais brilhante. Credito o fato à ingenuidade, à ignorância confiada com que o leio, ou será que tudo não passa de arroubos
de leitora apaixonada, que vê no amado um encanto escondido que ele
nem tem?

Não é o caso da frase "o que há num nome", como explica o próprio Joyce pela boca de Stephen (seu *alter ego* jovem) ao discutir o assunto com Bloom (seu *alter ego* maduro): "sons são imposturas, como nomes. Cícero, Podmore. Napoleão, Jesus, Shakespeare eram tão comuns como Murphy" (Murphy? Uma espécie irlandesa de Silva?). Em *Ulysses*, nenhum nome é gratuito e vêm quase todos subtextados com trocadilhos; se fosse personagem do marido, Nora Barnacle seria Nora Craca, a que agarra e nunca mais larga, e o próprio Joyce foi descrito por um misterioso Vladimir Dixon como Germ's Choice [a escolha do germe] em "Lixo", um dos ensaios prévios sobre *Finnegans Wake* – ainda sendo escrito naquela época –, publicados por Sylvia Beach sob o título "*Our exagmination round his factification for incamination of work in progress*" (existem sérias suspeitas de que V. D. seja na verdade J.J. *lui--même*, disfarçado de crítico).

Tem mais: "Stephen Dedalus", por exemplo. O personagem evoca a lenda de Ícaro, pai e filho num mesmo ser, uai, gente, e eu que não tinha percebido isso? Seria Stephen um Ícaro enquanto símbolo e um Dédalo – o fazedor de labirintos – enquanto nome? E ainda mais: os vários trocadilhos na biblioteca com o nome Best – *good, better, best* –, ou *second best* – como a cama desdenhosa herdada por Lady Ann de seu consorte unha-de-fome William S., uai, de novo? Já escrevi sobre isso, não foi? Será que de tão deslumbrada estou até me repetindo? Como se me faltasse assunto? Agora, vem cá: alguém percebeu no meio do nome completo do jovem Dignam – Patrick Aloysius Dignam – o nome do meio do próprio Joyce? Só Joyce explica: "É o que nos perguntamos na infância ao escrever o nome que nos disseram que é o nosso."

E o que dizer de um obscuro (e por todo o sempre desnomeado) personagem, que aparece no enterro de Patrick Dignam (muito digno e justo) vestindo um macintosh (impermeável) marrom – listado acidentalmente no livro de presenças do cemitério sob o mui irlandês apelido de "Macintosh"? E que (mesmo sem nome) acaba crescendo em *Ulysses*, sempre descrito como "o homem do impermeável macintosh marrom"? Taí: é Joyce entregando o jogo ao seu leitor.

Outro nome bastante expressivo – e (quase) nada discutido – é o de Hugh "Blazes" Boylan, empresário de Molly Bloom, com quem a sensual cantora lírica trairá seu marido (calma, gente, que não cheguei lá): um leviano fanfarrão exibido que é em tudo o oposto de Bloom, Boylan eu já não sei, mas que lembra "boiling" [fervendo] lembra, não é mesmo? E Blazes é mesmo um explícito, um ardente Blazes Boylan: ardendo e suando e fervendo e bufando como uma chaleira grosseira. Veremos mais tarde na cama.

Por outro lado, vejo *Ulysses* às vezes como aquela mulher falada, retrógrado conceito mineiro que me traumatizou na adolescência. A mulher falada, coitada, é considerada uma vagabunda que perdeu a "honra" – leia-se, nossa!, virgindade: coisa mais antiga – mesmo que nada disso jamais tenha acontecido e que o tal apelido se deva somente à fofoca maldosa, uma falsa impressão superficial. A dificuldade, por exemplo, deste episódio do labirinto: por sua fama (indevida?) de complicado me preparei cuidadosamente pra ele, li todas as notas disponíveis, a relação completa dos personagens e o que eles faziam e como e quando o faziam, fiz bem direitinho meu dever de casa inteirinho, mastiguei a comida bem mastigadinha antes de pô-la na boca já mais para mole, quase reduzida a uma insossa papinha pra bebê desdentado. Mas ao começar a lê-lo, gente, que surpresa! É um dos mais espetaculares até agora, coisa nunca vista, labirinto coisa nenhuma, eu diria que é mais uma cama-de-gato – coisas da minha infância em Minas, conhecem? [do Aurélio: brinquedo que consiste em entrelaçar, nos dedos de ambas as mãos, um barbante com as pontas atadas, e que é, então, retirado com os dedos das mãos por outro participante, dando forma diferente ao entrelaçamento anterior, e assim sucessivamente] –, o texto tecido como se renda preciosa fosse, se encrespando, como espuma, com a branca leveza de nuvens em flocos delicados [*moutonner* (como diz Joyce que os franceses dizem), de encrespar-se; mas também de *mouton* – carneiro? encarneirar-se?], miniepisódios independentes, interconectados por personagens compartilhados e diferentes visões do mesmo fato: é um "nossa!" atrás do outro (é claro que depois de Joyce outros autores fizeram isso; McEwan, pelo menos, fez (em *Reparação*), *I give him that*, mas não com a riqueza e complexidade de Joyce).

Babei de prazer ao ver mencionada, pela primeira vez, a data em que ocorre *Ulysses* – 16 de junho de 1904 –, assim, coisinha simples como se fosse nada, datilografada na máquina de escrever da secretária de Boylan... e eu que sempre me perguntei, como é que se sabia disso? Onde é que afinal de contas aparecia no livro? Taí. Aparece aí. Adorei o contraste, no jogo intraduzível de palavras, entre as "boiled shirts" ["traje a rigor", na tradução de B.P. – literalmente: camisa engomada de smoking com o peitilho plissado], uniforme masculino obrigatório em certas festas grã-finas, e o "boiling shirts" [fervendo camisas manchadas no panelão, em cima do fogão] de Maggy – uma das pobres, quase mendigas irmãs Dedalus – em cena anterior, pode ser mais irônico? E mais brilhante?

Outro duplo significado que eu curti demais foi o daquela cena em que o piedoso Padre Conmee, enquanto lê o salmo "sin" – letra do alfabeto hebraico; é como os salmos são numerados na Bíblia, o que fica bem claro por ter sido mencionado o "res" antes, mas que também significa... uau: "pecado" em inglês –, surpreende uma mulher que "sai ruborizada de trás de uma sebe com um rapaz ao lado e sacudindo da saia um graveto agarrado".

Ai, gente. Se este homem levou sete anos pra escrever o livro, eu francamente, como leitora, vou pelo mesmo caminho: sete anos para lê--lo já estou achando pouco. Bem. Pode bem ser que em certo ponto do texto a coisa se complique a tal ponto que eu acabe mesmo entregando os pontos: caramba, que livro incompreensível, impossível de ler. Mas, por enquanto, não passei do deleite, lendo e escrevendo (estas crônicas irônicas) no calor da hora. E se às vezes aquilo que escrevo se prova mais tarde precipitado – ai que idiota, nossa, que engano absurdo –, tudo bem: não é de uma mente atenta que vai brotando este (meu) livro, mas sim, do coração sobressaltado com que leio *Ulysses*. E quando há muito pra despejar, e o fascínio começa a transbordar, me entrego, num impulso intraduzível: *Boylan with impatience*.

***

E pra quem acha que sete é conta de mentiroso, vai este adendo exclusivo, um achado, encontrado e cuspido exatamente dois anos depois deste livro publicado (em papel, claro, coisa mais antiga), um legado do extraordinário avanço literário por conta do advento do livro digital.

***

Pois é, com três dias de atraso e um dólar a menos, Alan me veio com esta esta manhã, não, revisores, não me cortem o esta repetido, me deu gagueira ou o quê?

Imaginem. A gente sempre repete que "morre um escritor, mas sua obra escrita continua viva", bem, hum, pra ninguém que eu conheça isso é tão verdadeiro como para James Joyce, será uma prova de que a vida após a morte existe mesmo? Ou simplesmente da genialidade do autor, que era tão grande, mas tão grande, que até hoje escapa a tantos estudiosos a totalidade de seus significados ocultos?

Tudo bem que a gente sabe que Joyce era dado a trocadilhos e ria muito com eles, uma arte do jogo vivo das palavras que atingiu seu ápice naquele Finnegans Wake que pouca gente arrisca, com medo da "seriedade" intelectual da empreitada. O que torna ainda mais inexplicável o rumo acadêmico empoeirado que as coisas tomaram no caso de *Ulysses*, mas vamos logo ao que interessa, não é mesmo?

Em inglês, vocês sabem, a mais profana expressão de espanto, algo assim equivalente ao nosso putaquepariu malhado de virgem santíssima, com um toque de putzgrila, ou, ainda melhor, de santa periquita, é o *"Holy Moly! "* - um eufemismo para *Holy Christ*, ou, mais adequado ao caso, *Holy Moses*, que Alan repete muito, até mesmo para efeito de ironia cotidiana. Pois imaginem vocês que A. descobriu por puro acaso, em sua sessão diária de sabedoria de Google, a seguinte explicação, advinda, acreditem, da Sociedade dos Adoradores do Alho:

"De acordo com o antigo poeta grego Homero, as propriedades mágicas do *Allium moli* permitiram a Ulysses entrar desarmado na toca da feiticeira Circe. O folclore europeu encara a planta [uma espécie de cebola da Europa] como uma proteção contra os demônios e um amuleto de boa sorte. O alho "Moli" é um ramo ornamental da família da planta, uma cebola que floresce, parente próxima dos famosos alhos comestíveis *Allium Sativum* (alho) e *Allium Cepa* (cebola...)", e por aí vai, *holy moly*, minha santa periquita, Molly Bloom encarnada, é ou não é?

Pois é. Embora tenha se tornado uma peregrinação sem sentido por um *Ulysses* quase elevado à categoria de Bíblia, eis o que na verdade deveria ser comemorado no Bloomsday: o fato de 88 anos depois de ter sido escrito, o incrível livro de James Joyce ainda nos revelar surpresas. Joyce curtiria muito mais isso, fala sério, com uma boa gargalhada ao lado de sua Nora Craca.

35. A BÊNÇÃO, PADRINHO

:burgess:coletor de injustiças:sereias:

Quem ouve desde menino/ Aprende a acreditar/ Que o vento sopra o destino/ Pelos caminhos do mar.
Dorival Caymmi

Com seu canto e encanto, canta e encanta a sereia ao longe. Ou seria melhor: canta com encanto a sereia e, ao longe, seu canto encanta. Eu é que não sou besta de parar pra escutar. Ops. De não parar. De não escutar: o canto (des)encantado de Bloom, em forma canônica de fuga – "As Sereias", décimo primeiro episódio de *Ulysses*.

"Começo a escrever este livro em 13 de janeiro, aniversário de morte de Joyce em 1941" – nos conta Anthony Burgess em *Homem Comum Enfim* [*Here Comes Everybody*], seu livro sobre o escritor irlandês, publicado no Brasil em 1994 pela Companhia das Letras e já fora de catálogo – "e espero terminá-lo no Bloomsday, em 16 de junho". Não chego a tanto. Comecei a escrever este livro sobre o *Ulysses* de James Joyce – mais um entre tantos que já existem, é isso mesmo – no início do ano, e a sereia me pegou de jeito: de tão fascinada me afundo cada vez mais no assunto e não vejo a saída, nem faço questão de ver; não quero me limitar com datas. E nem fugir do que não dá pra negar, desde o primeiro instante da leitura, sei lá por que mania de magia (ou de numerologia).

Procurei, sem sucesso, alguma coincidência que conectasse a imponente vida inteira de Joyce a este breve momento meu: o centenário do Bloomsday já havia passado e os cem anos de Joyce, também. Mesmo a marca judaica sagrada dos 120 anos ficou para trás, enquanto o sesquicentenário ou o centenário da morte ainda estão bem longe, não dá pra esperar. Mas o que eu não sabia, e fico sabendo por Burgess, é que "a solenização de datas era natural em Joyce e contagia seus admiradores", ah, bom (incluídos seus editores, que escolheram o aniversário dele para publicar *Ulysses* e *Finnegans Wake*). Finalmente, encontro alguma coisa: o encontro amoroso entre Alan e eu – retratado em meu romance *Hierosgamos* – acontece em 2004, justamente no centenário do primeiro e ardoroso contato sexual de James Joyce e Nora Barnacle, em Dublin, no Bloomsday original – 16 de junho de 1904 –, data que Joyce eternizou em *Ulysses*.

***

Dia 2 de fevereiro de 2008: dia de festa no mar, eu quero ser a primeira a saudar Iemanjá. E ao celebrar a obra oceânica de Joyce, vamos combinar: cai bem melhor esse encanto marítimo de deusa do que a esquisitíssima tradição nortista, isto é, de certos países no hemisfério norte – uma marmota preguiçosa saindo do buraco em busca da própria sombra (de acordo com Burgess: um consolo bem joyciano para os rigores do inverno).

Dia 2 de fevereiro de 1882: nesse dia, há exatos 126 anos, encarnava na terra – mais precisamente: no subúrbio dublinense de Rathgar, três quilômetros ao sul do centro da cidade, província de Leinster, Irlanda – o futuro escritor James Augustine Aloysius Joyce, pai, mãe e espírito santo da literatura moderna. Agora. O que eu já não sei bem é se, como inspiração literária, Joyce é pai ou é padrasto, taí uma grande verdade: se comparar, quem há de? Difícil mesmo é ficar indiferente ao nosso universal James Joyce, possante Poseidon, possuído de literatura.

***

Num mesmo Joyce convivem muitos Joyces: há o Joyce enigmático; há o Joyce político, o Joyce obsceno; há o Joyce cômico, o Joyce linguista, o Joyce erudito; mas há, acima de tudo, um Joyce que retrata o homem comum e seu fluxo contínuo de consciência.

Joyce foi pioneiro em tudo, rompeu com todas as regras. E, como uma *matrix* de estilo, se encontra de tal maneira ancorado no inconsciente cultural coletivo, que, mesmo sendo raramente lido, espalha seus tentáculos pela literatura contemporânea.

É "uma espécie de poeta-prosista e, por isso, um impostor", como afirma Burgess. Foge ao senso comum, corrompendo a noção generalizada de que é um erro pretender, num romance, fazer literatura: em sua linguagem direta, e sempre transparente, o manjado romance popular – do tipo que engorda hoje em dia a prateleira de best-sellers – consagra o culto do enredo e do personagem.

Em Joyce, não: escrita é música, a língua feita de ritmo, símbolo e ironia. Sua trama é de tal forma rica que se estende por várias camadas superpostas de texto, surpreendendo até hoje seus leitores e intérpretes com intermináveis significados ocultos. Vejam, por exemplo, o que disse o Joyce de *Finnegans Wake* a um amigo enquanto escrevia o livro, ao referir-se à produção de um único dia, sim, havia alcançado muito: completara duas frases – de tal forma carregadas de significado e cuja ordem exata das palavras era de tal importância, que haviam consumido um dia inteiro de trabalho.

Leio James Joyce como uma espécie de remédio, amargo-porém-eficaz na formação de qualquer escritor, mas, gente, o que é que estou dizendo? Não é nada disso! Seu *Ulysses* é, isso sim, uma revelação, um deslumbramento, diversão incomparável e um mundo inteiramente novo desde a primeira página. Pra você que não me acredita: nada melhor para homenageá-lo, neste dia de aniversário, do que tomar hoje mesmo a (tardia) decisão de lê-lo.

Saravá, meu pai.

36. Datas, concílios, centenários

:coletor de injustiças:

Coisa estranha, a intuição. E só a ela posso recorrer, escrevendo a fundo perdida no vácuo da desconexão.

Agora. Antes que algum estudioso metido a besta num futuro improvável se debruce sobre tais enigmáticas linhas iniciais, já vou logo esclarecendo: a internet está fora do ar e me sinto cega e surda – mas muda, nunca. Porque, ao que parece, não há algo ou alguém capaz de calar-me a boca. Nem o engano. Nem a frustração. Nem o vexame antecipado da besteira exposta, tema mais intrigante (para desespero de, ah, ninguém, Alan está dormindo e aqui não tem mais ninguém).

Pois é. A crônica (anterior a esta) sobre o aniversário de Joyce, enviada ao jornalão – por esta ansiosa colaboradora gratuita, sempre esperançosa–, nunca foi publicada, é claro: não sei se está claro pra todo mundo que a marca do grande artista não é ter seu talento reconhecido em vida, mas sua total rejeição – Joyce também, como Glauber, morreu de rejeição, mas rejeição... a *Finnegans Wake*? Até dá pra entender.

Curioso foi ler impressas na edição do dia, com uma ansiedade de enfarte, as concílicas e concêntricas celebrações do respeitado suplemento literário, conectadas por caminhos escusos ao mais profundo dos meus pensamentos, uau, mal ou bem já conformada com a ausência do meu artigo que, afinal de contas, não passava de uma bobagem completa, mas eis que com a internet já restaurada L.G.A. me escreve a respeito – ó santa e redentora conexão (vogalicídio meu, por pura falsa modéstia):

"Acabei de ler, neste instante, o seu texto sobre Ulysses. Mrvlhs."

Pra não acabar me perdendo nas tontas labirintites da "grande imprensa", o que achei interessante na supracitada edição foi ver comemorados num mesmo ato: os 100 anos de Rosa; os 60 de Lobato; e outros 100 de Machado, ops, da morte de Machado, claro. E embora para o níver de Joyce não tenha sobrado nada, nem uma mísera notinha, resta o sorriso do gato da Alice celebrando o fato de que em cada relato jornalístico daqueles repousa oculto um *Ulysses*, que nem Wally: pode procurar que é tranquilo de encontrar. Pelo menos em Rosa eu sei que um Joyce desponta e que todo mundo o vê, na dedicada recriação do idioma e na alimentação de adeptos – joycianos e rosianos –, na liberdade maior doada pela escrita do segundo (Joyce) ao primeiro aqui na frase (nosso Rosa) – que fez da linguagem seu próprio uso e sem (d) efeitos colaterais.

37. JOYCE NO MEU COTIDIANO

:joyce no meu cotidiano:

Ufa. Quando eu já pensava em desistir, finalmente alguém me explica o significado intrínseco em alemão de "Bleibtreu" [*bleibt*=permaneça, *treu*=fiel], no caso de *Ulysses Bleibtreustrasse*, Rua Bleibtreu: ou, mantenha-se fiel (mesmo vivendo) na rua. Bloom, um exilado confesso de Jerusalém, não chegou a tanto: filho de judeu convertido, acabou casado com uma meio-judia que não se enxerga como tal, e ainda por cima o corneia. (E eu? Sou fiel? Algum dia fui?) O que sei é que depois de velha dei pra ficar sensível demais ao antissemitismo, que até em Joyce me arrepia. Antes que eu entenda que tudo não passa de ironia.

Agora. Ao retroceder na memória um pouco aquém de Bloom, me arrisco a desembocar na mesma fazenda-modelo de Kinneret às margens do lago Tiberíades, ou seria, ao contrário, na mesma fazenda-modelo em Tiberíades às margens do lago Kinneret? *Oy! Kinneret sheli!* Ou será que foi sonho?

Já vou logo esclarecendo que delírio intelectual não é: coincidência ou não, foi no Kinneret que eu nasci, *kaf bet tevet, taf shin iod bet,* verdade pura, simples e biográfica pra registro oficial nenhum botar defeito.

38. O poeta é um fingidor
(da série: Joyce no meu cotidiano)

:proteu:tradutores:

Desalentada, tomada por dúvida séria – e (seria por ela?) de volta ao já tão protelado Proteu –, consultei (pesquisando a expressão) B.P., A.H., L.G.A., A.B. (por J.A.A.), todos vertentes pretendentes do solilóquio: "irlandeses, os pretendentes da história, falsos filhos de reis", i-m-p-o-s-t-o-r-e-s (?), vivendo a vida deles num paraíso de fingidores, falsos pretendentes. Eu num inglês estropiado – *compromise* ou compromisso? – e ele, nem português de estrangeiro: poetas.

O poeta é um fingidor, finge a dor de um Álvaro de Campos sendo ele ou não, "boca para o beijo dela". Boca para o beijo da boca dela – anota isso aí que ficou bom –, *it takes two to tango*, perdão por ceder à tentação, mas... cadê? Peraí, onde foi que enfiei? Pô: sempre esqueço o maldito caderninho e quando lembro, esqueço a caneta, "engoliu lábios vagos de ar", engolfou. Melhor assim, decorado o decoro da mente, shsh, discreto e quieto, descaradamente, pois se deparar-se com quem, babau: reverte rápido o rumo da rima.

Se bem que hoje em dia, com um celular em cada bolso à espreita, grava-se de tudo na rua: pra disfarçar o vexame, basta fingir que falando com alguém, soa malhada a voz registrada, é certo, mas se houver vontade ao chegar em casa, desperta-se a amnésia da mente agravada: uma grave dica. Em todo o caso, já não preciso pedir (papel de padaria lápis emprestado), longelonjuralonjuralonjura ela jurou que sim, era isso mesmo: quem quando onde há de ler tais sugados signos, à vera versos?

No Prix de Paris: cuidado com as imitações.

39. JOYCE NO MEU COTIDIANO II
(SEM MAIS REVISÕES, POR FAVOR)

:circe:joyce no meu cotidiano:lotófagos:

Do *Hierosgamos*:

"Tantas revelações neste fim de semana, eu andava insegura... (Te procurando frenética no U.S. Search.com: esse tal de Alan Isaac não existe). Tudo se encaixou, tranquila agora... (Alan E. Sklar, 60, 1 address in Los Angeles, Ca.; 2 addresses in St Augustine, Fl.; 2 addresses in Honolulu, Hi.; 3 addresses in Guilford, In.; 3 addresses in North Bend. Oh.)"

Esgruvinhando os detalhes da carta de "Martha Clifford" para "Henry Flower", Burgess revela que "pelo menos uma edição de *Ulysses* silenciosamente corrigiu 'ermo' [world] (de: 'te chamei de garoto travesso porque não gosto daquele outro ermo') por 'termo' [word]" – como se... ah, tá bom: faz qualquer coisa, mas, por favor, não mexe demais no meu texto –, arruinando o requinte futuro de um trocadilho oral no bordel de Bella quando, ~~subrepsutilmente,~~ a mãe defunta de Stephen Dedalus evoca Martha, primária autora sedutora, num "Oro por você em meu outro ermo": mais uma insignificância preciosista de Joyce, eco esperado porém apartado do vocábulo que o gerou por quase 500 páginas de texto. E quanto ao *nick* dos amantes secretos? Bem. Embora pareça moderno, este hábito internauta de adotar pseudônimos em trocas amorosas escritas não tem nada de novo, taí: "Henry Flower" é "Leopold Bloom", num termo ou noutro "um rei florescente". Já quanto à real identidade de Martha o mistério permanece, com leves suspeitas nada conclusivas e um mais inconclusivo ainda joyciano enigma: será que *ela*... é *ele*? Mas isso... ah. Só se fosse hoje em dia.

40. GLOSSÁRIO I

:glossário:rochedos serpeantes:tradutores:

throb. pulsar. latejar. *throbbing*. latejando. latejante.

ela dança num breu asqueroso, corcoveia, meneia as ancas su-
ínas e seus quadris, no oco do ventre obsceno um ovo de rubi volteia
{tantra: enlevo oriental}, sem você sempre pulsa o latejar sempre dentro
{latejando} seu coração comemora. dos pesos-pesados as tangas justas
nos quartos, latejante: um coração de heróis. segredo de todos os segredos selo do Rei Davi, receita de branco vinagre *nebrakada* feminilidade
abençoada: como conquistar o amor de uma mulher {vagina latejante}

41. A QUEDA DE UM MITO (ALIÁS E A PROPÓSITO)

:bloga noga:

Em perfeita sequência temática para epifanias recém-publicadas
e abaixo-assinadas por sérios jornalistas do ramo, eu deveria escrever
sobre a adaptação biológica do cérebro humano para a fé religiosa. O
assunto me apaixona. O que sei por enquanto é que a grande maioria
dos fenômenos sobrenaturais (e emocionais) é perfeitamente explicável
por descargas químicas e interações elétricas. E daí? Parafraseando Jo-
bim, é isso a felicidade? Hein, meu amor? Tatatá. Não existe sorte, e nem
azar: são ambos não mais que manifestações do acaso, reconhecidas e
catalogadas pela fome humana de padrões que insiste em iludir a mente
– mera estratégia de sobrevivência que nos permite superar a desorientação constante causada pela consciência perene da inevitabilidade da
morte, ok. Algo assim, intrínseco ao DNA. Mas que esse funcionamento
– tão sofisticado – do nosso organismo parece milagre, ah, isso parece.
Com o sabichonismo científico todo, se tem uma coisa que ajuda mesmo a viver é a prática intencional do maravilhamento, que inunda de
hormônios do bem os nossos corpinhos sedentos promovendo, a cada
descarga, um consistente adiamento do fim.
Agora: o que eu gostaria de saber mais do que tudo é por que
razão ninguém aplica tal didática simplificação da natureza (humana)

ao mito do gozo feminino, isso sim é que seria útil, eliminando de uma só penada a prolífica indústria da frustração sexual e derrubando um dos mais importantes pilares do capitalismo selvagem. Gulp. Acabei de entender. Outras mulheres não sei, mas eu, cresci e amadureci sabendo: nosso orgasmo é um feito difícil e raro, alcançado a duras penas pela mágica estimulação de um tal oculto-ninguém-sabe-onde esponjoso e hipersensível Ponto G, que quando atingido deflagra no corpo uma orquestra esfuziante de sensações cintilantes – como as luzinhas piscantes de um óvni aterrissando, muito doido para abduzir.

Pois qual não foi minha surpresa ao descobrir, num úmido caso de amor com uma Jacuzzi, o simplificado significado prático do historicamente banido e mais vilipendiado termo da literatura erótica mundial: latejante. Pior: vagina latejante. Por mais de trinta anos de vida adulta, estive absolutamente convencida de que não gozaria nunca de um desses tremores incendiários, e ainda mais (impossível), a dois: pra ter prazer com outro ser vivo demorei mais um bocado, mas acabei conseguindo. Em pesquisa de apoio à revisão do *Hierosgamos*, Alan encontrou na internet um artigo incrível sobre a fisiologia do orgasmo feminino, segue trecho traduzido:

"Essa área localizada de vasoconcentração bulbar se contrai fortemente em padrões regulares recorrentes durante a expressão orgásmica. As contrações se iniciam a intervalos de 0,8 segundos e recrudescem variando de um mínimo de três a seis a um máximo de 10 a 15 vezes em cada experiência orgástica individual. Os intervalos intercontráteis se alongam em duração após as primeiras três a seis contrações da plataforma orgásmica e a intensidade mensurável das contrações diminui progressivamente. A duração das contrações recorrentes da plataforma orgásmica e o grau de excursão contrátil variam de uma mulher para outra e, para cada uma individualmente, entre diferentes experiências orgásticas. Tais contrações recorrentes, ocorridas no terço mais externo do canal vaginal, constituem as únicas respostas fisiológicas inteiramente confirmadas na fase orgásmica do ciclo sexual."

Taí: explanada em linguagem rigorosamente científica a misteriosa e pouco divulgada vagina latejante. Se tivesse compartilhado comigo uma manchete assim, direta e empolgante – "involuntária descarga energética resulta em inusitado efeito corporal relaxante" –, imaginem, mamãe teria me poupado milhares de reais, anos de divã. E daí? Pra decifrar definitivamente o enigma do bom sexo – e superar com isso o traumático nada, por submissa ignorância agravado –, precisei de um amor de verdade, e me acreditem: é a melhor maneira. Por essas e outras, vou parar de culpar mamãe por tudo e começar de uma vez a gozar desta vida.

42. JOYCE NO COTIDIANO IX

:eumeu: joyce no cotidiano:rochedos serpeantes:

Se alguém, num futuro remoto, viesse a ler os textos que escrevi neste marcante ano sexto da Dinastia Lula, poderia erroneamente – ou presumidamente, ou apressada e academicamente – concluir que o codinome "Cesar", atribuído a antigo prefeito da comarca do Rio de Janeiro, o associava remotamente a certo imperador romano. Até tu.

Mas, gente, ó: seria um erro. Como o erro presumido que cometi quando investiguei as conexões ocultas de certo Lorcan "Sherlock" em "Rochedos Serpeantes", aha! Sherlock! Isso! Personagem bem conceituado, criado e publicado em 1887 por Sir Arthur Conan Doyle, provavelmente uma paixão do menino James... Não é mesmo?

Mas, que nada, um samba tão legal que no final desafinou de verdade, não passou de ledo engano: devagar com o andor que o santo... ah, vocês já entenderam tudo. Lorcan Sherlock – um autêntico xerife da irlandesa Dublin – existiu mesmo, o que não impediu J.J. de transformar de fato em verbo, muitas páginas mais tarde – no décimo sexto episódio "Eumeu" –, o famoso detetive de Doyle: *sherlockholmesing*.

Já o tal Cesar do Rio... vamos combinar: de imperador que é bom, não tinha nada. Só a presunção mesmo.

43. Pratique o eu
(da série: nem só de Joyce vive uma obsessão, publ. orig. 10/10/2007)

:bloga noga:

para Millôr

"Não sou nada./ Nunca serei nada./ Não posso querer ser nada./ À parte isso, tenho em mim todos os sonhos do mundo", escreve Fernando Pessoa, quero dizer, Álvaro de Campos, em seu poema "Tabacaria".

Fernando Pessoa é pessoísta à beça, e descreve a si mesmo, em seus poemas magistrais, como o mais vil dos homens, um abjeto, um fracasso completo se comparado aos demais, como ele insiste naquele "em linha reta" no qual me reconheço e que sei quase de cor: é muito pessoismo.

Comparar-se aos outros é mesmo um perigo, causa ou efeito de depressão, uma doença que piora com a idade, é, gente, a velhice tende mesmo ao pessimismo, não? Bem. Às vezes, não. Como prova, do alto glorioso de seus 80 e tantos anos, o habitualmente irônico Millôr Fernandes: "O mundo melhorou. Estamos vivendo o melhor momento da humanidade. A higiene é recente. Antigamente, a média de idade era 42 anos, hoje é 80". Tá certo. É bem millôr reconhecer isso, mas o rótulo de humorista o jornalista recusa, no que o entendo muito bem. Se ser otimista já é perigoso, fazer humor é mais perigoso ainda.

"O sarcasmo é a forma mais baixa de inteligência", Alan me ensina. Quanto a mim, não sei por que, desde que me casei com ele, venho me tornando cada vez mais mordaz, e isso, imaginem, apesar da vidinha feliz e pacata que nós dois levamos. Por outro lado, não custa nada sklarecer: foi ele mesmo quem me apresentou ao humor corrosivo de George Carlin, que aos meus ouvidos brasileiros soou, a princípio, meio estranho, o tipo de saber que não se aprende na escola: nasce com a gente, uma coisa assim, digamos, cárlica. Mas que se agrava com a experiência... eu que o diga, com as minhas tiradas terrivelmente incorretas como, por exemplo, esse uso intolerável de confusas associações livres, antecipando preconceitos sutis que não seriam jamais percebidos se eu não os apontasse.

Tomar os outros por si não faz bem nenhum. Pior ainda é seguir o conselho de quem abomina o bem alheio, como demonstra Babu Santana, prêmio especial do júri no Festival do Rio. Quando pensou em fazer o teste para o *Nós no Morro*, o ator ouviu da dona da loja onde trabalhava, uma livraria no centro do Rio:

– Para que você quer fazer teatro? Você é feio, negro, queixudo. Corta um dobrado para sobreviver, para que tentar o teatro?

A atitude desestimulante da moça não é incomum, mas vamos combinar, não foi nada babu da parte dela.

Bom mesmo é praticar o eu. Quanto mais você é você mesmo, mais você mesmo você se torna, se é que vocês me entendem. Foi por isso que me causou espanto o título em português de um artigo sobre Harold Pinter, traduzido do *New York Times*: "Aos 77, ainda pinteriano". Uai, gente: quando alguém envelhece, deixa de ser ele mesmo? Além do mais, não gostei nem um pouco da opção traduzida do termo, no inglês original "pinteresque". Pinteresco, esclarece a autora – "cheio de sugestões e dicas obscuras, deixando a audiência na incerteza até a conclusão" –, é uma descrição exata da "singular e inclassificável" obra de Pinter, hum, bem que eu me reconheço nessa. "Nunca consegui escrever uma peça feliz, mas consigo aproveitar uma vida feliz", me salva Pinter com sensatez.

Ah, sim, vocês perceberam. Parece que eu, finalmente, mudei de obsessão. Já consigo esquecer um pouco o meu tão falado romance *Hierosgamos* – quem leu, gostou, mas autora pop eu sei que não sou, tudo bem, sou mal-humorada e de poucos amigos, agora vem cá: isso não altera em nada a qualidade literária do texto, não é mesmo? Insistir nisso agora até parece escapismo, mas, no fundo no fundo, é noguice pura. E estamos conversados.

44. Carruagem de fogo

:impressões:

A história começa:

Episódio 8, "Os Lestrigões"
\# Um sombrio jovem da A.C.M. pôs um volante nas mãos do Sr. Bloom. Elias está chegando.

Gaivotas girando entre as desoladas amuradas do cais atirou para elas uma bola de papel amassado. Elias trintaedois pés por segundo está chegan.

Episódio 10, "Os Rochedos serpeantes"
Um esquife, um volante amassado, Elias está chegando, flutuou ligeiramente Liffey abaixo navegando em direção a leste entre a antiga doca da Alfândega e o cais George.

#North Wall e o cais de John Rogerson, com quilhas de barcos balançando na esteira da balsa, Elias está chegando.

Elias, esquife, volante leve amassado, navegava em direção a leste pelos flancos de navios e traineiras escuna de três mastros Rosevean vindo de Bridgewater carregada de tijolos.

Episódio 11, "As sereias"
Prossigamos. Você sabe o que quero. Um vintém para as gaivotas. Elias está cheg.

Episódio 12, "Os ciclopes"
E veio do céu então uma voz, clamando: Elias! Elias! E Ele respondeu com um único grito: Abba! Adonai! E eles O viram mesmo Ele, ben Bloom Elias, entre nuvens de anjos ascender como um tiro disparado de uma pá.

Episódio 14, "O gado do sol"
Meu Cristo, quem é este excremento amarelo protestante Elias está chegando! Lavado no sangue do Cordeiro.

Episódio 15, "Circe"
Um foguete sobe aos céus e explode. Uma estrela branca se forma dele, proclamando a segunda vinda de Elias e a conclusão perfeita de todas as coisas.

O FIM DO MUNDO (com sotaque escocês): a voz de Elias, áspera como a de um codornizão, dissonante no alto.

ELIAS: Nenhum ganido, por favor, nesta tenda. Você é um deus ou um maldito imbecil? Juntos na cantoria. Encore! Jeru...

ELIAS (com as mangas da camisa arregaçadas): ele observa tudo e não está dizendo nada.

BLOOM: Pesadelo da imprensa. Atordoado Elias.

Episódio 17, "Ítaca"
Um homem escuro colocou na mão dele um de-se-jogar-fora (subsequentemente jogado fora) anunciando Elias, restaurador da igreja em Sião.

Fim da história.

---

45. Joyce no meu cotidiano III

:joyce no meu cotidiano:rochedos serpeantes:

"Escolheram uma mesinha junto à janela, em frente a um homem de cara sombria, cuja barba e olhar pendiam atentamente sobre um tabuleiro de xadrez.
  – Aquele é ele? – Haines perguntou, girando na cadeira.
  – É – disse Mulligan. – É John Howard, irmão dele, nosso magistrado municipal.
  John Howard Parnell transladou calmamente um bispo branco e sua garra cinza subiu de novo para a testa onde repousou. Um instante depois, sob este anteparo, seus olhos fitaram rápidos, espectrilúcidos, o seu adversário e caíram de novo sobre um canto de manobra."

***

Na poltrona junto à janela eu via, bem ali à minha frente, um homem nu de cara fechada, cuja barba de dois dias e olhar fixo não desgrudavam da tela de um computador.
  – Alan? – perguntei, me virando na cama, convidando o irmão mais velho de William.
  – Cinco minutos. Ocupado. Quase terminando o jogo.
  Alan Edward Sklar, com um meio sorriso satisfeito, clica calmamente no mouse:
  – *Yes!*

Um instante depois, seu queixo descai triste, decepcionado, a estratégia infalível derrotada de novo pelo adversário brilhante, anônimo campeão tailandês de xadrez, sem rosto nem voz.

46. O NOME DISSO É VIVÊNCIA
(DA SÉRIE: JOYCE NO COTIDIANO)

:joyce no cotidiano:

Ando muito boba, gente. Choro por nada, até lendo classificado eu choro. Mas não é por nada disso em que vocês estão pensando, ah, quem me dera saber no que é que vocês estão pensando. Pois dei de chorar com uma frase curtinha de jornal sobre o democrata Barack Obama que ecoou, dentro de mim, no impulso mais puro em prol da evolução da raça, um belo exemplo de sincretismo ideal numa versão moderna de humanismo.

Há mais, porém, no meu choro contido pra não melar o café de vez. Há mais, muito mais do que emoção social por trás da identificação total com uma simples frase. Ando muito boba, mas fico mais boba ainda quando Alan me diz assim, como se fosse nada, que a minha inteligência vem crescendo a olho visto (um só mesmo, que ele é meio vesgo) enquanto leio/escrevo Joyce.

No caso – e apesar dos muitos estudos, teses, análises comparativas preposjoycianas que abundam por aí, na rede e fora dela – o que aprendo, o que sinto na carne, é que não basta erudição e/ou inteligência para se ler *Ulysses*, nem nada disso é na verdade preciso.

Pra entender *Ulysses*, lhes digo: é preciso ser bem vivido e estar aberto pra se viver muito mais, mergulhado mais profundamente ainda na intrínseca maravilha que a existência humana abaliza, para além das diferenças de credo, cor e companhia.

47. GLOSSÁRIO II

:glossário:sereias:

e o miguxês, hein? qm inventoh? 1 dz de engraçadinhu preguis-
sosu ignoranti p falah na net? naum mermo ;) tah ligadu? blz. foi Jeimis
Joys, saca soh:

Yrfmstbyes: you are off must say bye's (de saída dizendo tchau, ou:
Dsizntchau)

Blmstup: Bloom stood up (Bloom se levantou: Blsevtou)

Tisntdall: this is not all (isso não é tudo: Isnatudo)

Rrr.

Rrrrrsss.

Hm.

Vlw, J.J.

48. JOYCE NO COTIDIANO X
(NO CASO: NO DE MAMÃE, NÃO NO MEU)

:joyce no cotidiano:sereias:ítaca:

A esta altura, já deu pra sacar a obsessão de Joyce por contar tostões – do preço das jardas de cetim barato cobrindo os seios das gar-
çonetes a "Espera. Cinco Dig. Perto de dois aqui. Um vintém para as
gaivotas. Elias está cheg. Sete no Davy Birne. São cerca de oito. Digamos
meia coroa. Meu pobre presen: P.R. dois e seis" –, transferida em *Ulysses*
para os bolsos mal-ajambrados de Bloom e Stephen e refletindo, imagino, a agonia contábil do próprio autor se agravando no cotidiano à medida que avançava no livro, até chegar a... (bem, hum, aqui empaquei:
deveria seguir, está no projeto original, um fac-símile da contabilidade
caseira de Joyce, mas o preço da imagem não permitiu).

Quem enfrenta uma odisseia com pouco dinheiro no bolso, ou
nem tem dinheiro algum pra enfrentar odisseia nenhuma, entende isso
muito bem. Não eu, que abomino dinheiro e o controle dele. Mas nas
múltiplas viagens que fiz com mamãe – antes do Alzheimer, vocês sabem, mamãe era guia de turismo e se orgulhava muito disso – ela sem-

pre anotava tudo em diários, detalhadíssimos. Todos os gastos, quero dizer. Dos diários originais – que, só pra variar, sumiram ou foram destruídos –, sobraram dois, duas preciosidades: um de 1970, relatando a viagem dela e de papai pra me encontrar em Israel (onde eu passava um ano sabático pós-vestibular, mui modernamente denominado em hebraico "shnat sherut" [ano de serviço]), dezessete anos depois de os dois terem saído de lá para o Brasil num DC-3 – pra quem não se lembra, avião bimotor da McDonnell Douglas para 32 passageiros apenas, dessa vez, com um trigésimo terceiro: um bebê pendurado na cestinha (eu); e outro de 1974, relatando nossa viagem – minha e dela (infelizmente já despaizada, eu, e desmaridada, ela) –, à Bolívia e ao Peru, transcrevendo a terça-feira, 15 de janeiro, a bordo do Trem da Morte, atravessando o Pantanal:

"Tomamos café 5,00. O dia até que passou depressa. No almoço comemos feijão arroz, bife, salada, sobremesa a 10,00. Noga ficou 20 horas sem fazer xixi, até que o trem não é sujo."

Já os artistas, vocês sabem, vivem contando tostões e pedindo tostões a quem os têm para realizar seus caríssimos projetos. Confiram, a propósito, este orçamento que encontrei lá em casa entre as coisas de mamãe, uma proposta de patrocínio para a montagem teatral de "O homem e o cavalo", de Oswald de Andrade, logo quem, o nosso modernista Oswald: "Administração: Cz$200.000,00; Cenários: Cz$360.000,00; Figurinos: Cz$230.000,00; Iluminação: Cz$250.000,00; etc., etc.; até o total de Cz$5.760.000,00 (cinco milhões, setecentos e sessenta mil cruzeiros", ops! falha minha: cruzeiros novos, ai, Deus, não: cruzados, anteriores aos cruzados novos) ou 7.020,794 OTN's, gente, OTN's? Que diabo é isso? Ah, sem mais comentários: era o Brasil da inflação, que dragão, em março de 1988. Não deixou saudades.

49. Tritões
(para ler e escutar)

:sereias:tradutores:

Chega um momento em *Ulysses* em que é preciso esquecer tudo que você leu, pesquisou, aprendeu, e decidir-se por abrir a mente, desarmar-se completamente e deixar o espírito de Joyce baixar, entrar, comungar com você. Em todo o caso, é preciso querer, querer muito, e acreditar que *sim, você pode*. Há passagens em Joyce em que o puro ato de lê-lo – e compreendê-lo –, é o melhor jeito que conheço de elevar a autoestima. Como neste episódio "As Sereias".

Ler Joyce é, sim, transformador: pode até não ser pra qualquer um, mas transforma qualquer um que o leia. Nem tente compreendê-lo, no entanto, com essa rapidez toda. Afinal de contas, J.J. pretendeu dar trabalho aos seus críticos e estudiosos por no mínimo 300 anos, não vá querer você resolver esta parada em quaisquer cinco minutos. Uma única palavra deste capítulo, por exemplo, deve ter mantido muita gente boa ocupada por um bom tempo: *Pprrppffrrppfff*. Deu pra ver o que é? Se não deu, pode deixar que eu conto: um pum, isso mesmo, um peido sonoro e bom, daqueles de limpar a alma, ai, coisa boa.

Meu conselho: pra absorver plenamente o encanto desse trecho do texto, seja simultaneamente Odisseu e marinheiro – fique firme, nunca se desespere; tampe os ouvidos mas permaneça atento, a todo e qualquer som. Pelo menos no inglês original (e sobretudo em "As Sereias"), ler também em voz alta facilita tudo, foi Joyce mesmo quem disse, experimente aí você: "Idolores" [Idolores, qualquer acadêmico sabe: é refrão e personagem da famosa opereta *Floradora* (?)].

Leu? Escutou como? "I-dolores"? Se traduzir direto dá "eu-dolores", né? Ou seria melhor: "aidolores"? Ai, Dolores, que essa me doeu: é o som original do inglês, estúpido! Pois é. Se um legítimo Joyce não baixar, não vai dar mesmo pra entender, um enredado sonoro onde é tudo lirismo e ironia ao mesmo tempo:

"Sob a sombra de uma só pereira a hora da Madri de outrora Dolores deudolores. Em mim. Seduzindo. Ah! Sedutora."

Dizem que a técnica aqui é a fuga *per canonem* – um tema apresentado ao início que se repete em vozes e ecos –, mas uma coisa é certa, uma palavra é chave: onomatopeia. No mais, é tudo música, mas não se deixe enganar: *"Words? Music? No: it's what's behind."*

Então, gostou? Quer ver mais? Sentir ao vivo no ouvido? Deixe passar no YouTube o "M'appari" de Lionel – na voz de Tito Schippa, o preferido de papai, doce, doce, doce – enquanto lê (o trecho que se segue), dá o maior embalo, um Joyce multimídia que só na internet:

"Alertadocérebro, faces tocadas em flama, ouviram sentindo o fluir cativante fluir sobre a pele membros coração humano alma espinha. Bom, bom de ouvir: de ambos pareceu partir a mágoa de cada um assim que ouviram. Assim que viram, perdidos Richie Poldy, a dádiva da beleza, ouvida de quem nem de longe esperavam, a primeira dadivosa amordoçura sempreamada palavra dela."

Em "As Sereias", quase tudo é canto. Muitas frases remetem, literalmente, a uma fonte musical: *The Shade of Palm*; *Goodbye, Sweetheart, Goodbye*; *A Rosa de Castella*; *Love and War*; *Minha Irlandesa Molly, Ó*; *A Filha do Regimento*; "M'appari", da ópera *Martha*; *Uma última despedida*; *Johnny, I hardly knew you*; *Estirado entre os mortos*; "Tutto è sciolto" [tudo está perdido] de *Sonnambula*, Bellini; *Waiting*; *The Grey Goose*; *A Flauta Mágica*; *The Croppy Boy*; *Tis the Last Rose of Summer*; e o onipresente *Don Giovanni*, claro. *Da capo.*

Se encantou? Se enredou? Resta ainda: o diapasão; o tape, tapetape, tapetapetape da bengala do cego tateando o chão; as rodas gingantes do cabriolé do Ardente Boylan, que o levam de tarde à sua mollyamante; e, mais do que tudo, o relógio batendo o cuco – carracarracurra: *sonnez la cloche* – na hora do encontro: quatro em ponto e a adúltera Molly fere por fim o corno Bloom, ah, tão triste. Se eu dissesse que isso tudo é muito incrível, fantástico, extraordinário... pois é, estaria me repetindo, mas em "As Sereias", nem tudo é música.

Já na primeira página, um clima explícito de voyeurismo mantém a tensão da leitura – "Espia! Quem está no espiad'ouro?" –, o tempo todo o sexo teso, como a tira elástica bem esticada e depois enrolada, deslizada direto do embrulho no bolso para apertar, a ponto de quase esfolar, os dedos crispados de Bloom lá dentro. Fascinação. Gorjeio. Palpitação. "O Sr. Bloom chegou à ponte de Essex. Sim, o Sr. Bloom cruzou a ponte de Essexo."

Tem a linguagem crua e sonora do coito:

"Bloom. Torrente quente de gemegeleia secreto lambetudo para dentro da música flui no fluxo para fora, desejando, escuro lambe o fluxo, invadindo. Tocando, amornando, trepando nela estampando. Trepa. Poro a dilatar dilata. Trepa. O gozo o toque o morno o. Trepa. Transborda a barreira inundando jatos. Torrente, jato, fluxo, jatodegozo, trepemtranse. Já! A língua do amor."

E só pra concluir: cadê as sereias que dão nome ao capítulo? Hein? Seriam elas Miss Douce e Miss Kennedy? Lidiabronze e Minaouro? Ouro de perto? Bronze de longe? Ah, gente. Não tem sereia nenhuma aqui, vamos combinar: só tem tritão. São os homens que (en)cantam – Ben, Si, em torno do piano de cauda as vozes de baixo, tenor, maviosas –, no palco da sala de concerto onde Pat, o garçom que é surdo e calvo, atende a mesa, mas nenhum chamado: é surdo; e o rapazinho que é cego olha tudo, mas nada vê: é cego, hehehehe. *Tléc.* Boom. Erê! Terminou.
Fff. Oo. Rrpt. Pprrppffrrppfff.

***

"De resto, o flato final é o 'a pedal' que termina a Fuga. Bem pensado, não?" (Segue em comentário privado o parecer especializado de L.G.A.)

50. HORA DO INTERVALO

:coletor de injustiças:

Você não precisa provar sua inteligência, seu valor e sua competência para ninguém. Você sabe do que é capaz. Saia do transe, relaxe e siga em frente.
Horóscopo de jornal by R.A., em 08/02/2008

É, gente. Já deu pra ver que estou num *momento maysa*, bem MMC [*Meu Mundo Caiu*] mesmo, depois de ter-me segurado por dias numa exuberante e produtiva fase WSS [de *West Side Story*: *I feel pretty and witty and gay* – *gay*, no caso, em seu significado original: contente, animada]. Por ter puxado demais pela mente no episódio "As Sereias" – um caso de pleno encanto, deslumbramento e profundo entendimento que deu o maior *high* – acordei com uma ressaca mental tão profunda quanto, duvidando de tudo (eu mesma incluída) a um ponto tal, que até me voltei para horóscopo de jornal. Vê se pode.
Surgido a princípio como um tumorzinho insignificante, numa besta disputazinha semântica online com L.G.A. pelo macho mais ade-

quado para "sereias" – tritões (ele) e "sereios" (eu) – e contrapondo um poço profundo de erudição puramente grega (dele) à corretice opcional de um ou outro termo (onde acabei optando obviamente pelo clássico primeiro), o cancerzinho espiritual me fez sentir tremendamente ignorante, ops, fez com que eu me sentisse. Como um lépido vento de leve vislumbrado (o tumor crescendo), agravado por fracasso retumbante em aliciar uma dileta amiga de Facebook e colega de letras – meio alérgica a Joyce e suas correlatas febres de citações – para meu grupo mais recente de adoradores de vocês-sabem-quem... Ah, esqueçam: não estou pra piadas hoje, e meu único consolo (o tumor crescendo, sem humor nenhum), além da coincidência do horóscopo, é saber que ninguém, apesar de tantas evidências em contrário, sabe onde vai parar determinada aventura artística, exemplo: em cena de recente documentário de Martin Scorsese, um Mick Jagger bem jovem – acreditem, sem nenhuma ruga – declarou, com apenas dois anos de Stones: "Acho que estamos indo bem, deve dar pra continuar por mais um ano". Gulp. Pois é. É tudo uma questão de tempo, gente. Tudo. O sucesso. E o fracasso também. Tudo. Ah. Esqueçam.

Essa neurose de se comparar (pra se diminuir, ou superar) é uma estratégia de angariar simpatia que nunca deu certo, mais ineficaz até do que aquelas tradicionais pra arranjar marido. Resta afirmar que esta ideia (ruim) de paródia rasgada não partiu de mim, imaginem, mas de Joyce *lui-même* (em *Ulysses*) e também de Picasso (vide "As Meninas", de Picasso/Velásquez) – dois gênios que admiro e que nunca ligaram a mínima para a opinião alheia (ô turminha): fizeram pouco de Deus e o mundo e não havia monstro sagrado que os intimidasse, como bem prova a família real mais feia do mundo, duplamente imortalizada em pintura – ah, bom, agora sim deu pra entender tudinho.

O fato é que me empanzinei (de fato) de James Joyce e atingi meu limite, dando o tempo da digestão para, em breve, enfrentar a Política (próxima arte abordada em *Ulysses*): com Pê ou com pê dura de engolir desde os idos de Jotacê – Jesus Cristo ele-mesmo –, um líder de si próprio tão independente que acabou deixando todo mundo carente, mas tão carente, que virou compulsão permanente por um recorrente Messias Redentor. Tumor inoperável esse.

51. XIXICOCÔ
(TEM QUEM ACHE NORMAL)

:ciclopes:joyce no cotidiano:nausicaa:

A profissão de passeador de cães, podem acreditar: também foi inventada por Joyce, conforme por mim coincidentalmente verificado – com algum postergamento – nos dez de fevereiro do ano do Senhor de 2008, ao ler em "Os Ciclopes" a descrição do Cidadão tendo ao lado o fiel Garryowen, seu maldito cão.

Pois desconfio, e não é de hoje, sem arcar com o ânus da prova (ai, me desculpem!), que remonta a um serviço profissional de passeadores de cães o aumento exponencial do nível de coliformes canifecais do Alto Leblon. Isso porque, francamente, e me corrijam que devo estar errada, não acredito – *nunc et in hora* – que os moradores tipicamente classe-medialta aqui do bairro sejam responsabilizáveis, meninos, pois é: finalmente eu vi um deles, saquinho de mer%&#da vazio na mão, tirar o seu bilau pra fora para um longo xixi no poste – às onze da manhã de uma quarta-feira banal, bem ali, pra quem quisesse ver (ou cheirar), com os olhos que esta terra há de –, enquanto o cachorro amarrado, coitado, se conformava com o outro lado. Juro por Deus. E mesmo sem concluir se era o danado Owen Garry uma fanada fera racista, ou apenas reles vira-lata comedor de restos de biscoito, descobri, sem sombra de dúvida, que o cachorro não pertencia a ele, mas sim ao vovô Giltrap – que não aparece na trama e nem avô dele na verdade era, quero dizer, do Cidadão, mas sim, da futura protagonista temporária Gerty MacDowell.

Boiou? Liga não. Foi só pra acrescentar ao nosso mísero ruído cotidiano uma boa liga criativa de James Joyce.

52. CORDÕES ASTRAIS

:impressões:

Se a obra de Joyce fosse um polvo, estaria fisgando até hoje – com tentáculos muito vivos, e a inteligência precoce de um camuflado e sistêmico nervoso – um bocado de autores contemporâneos. Mas como já disse, prefiro considerá-la uma flexível matriz de cultura, cujos cordões astrais alimentam e engordam o corpo da literatura. Eis alguns exemplos:

Ulysses x ***Tudo se ilumina,*** de Jonathan Safran Foer: a conexão amplamente umbilical, neste caso, se expressa na perfeita e brilhante transliteração do inglês em vozes de múltiplos sotaques. Dá pra imaginar, por exemplo, o Alex (*don't dub me that*) de Safran Foer sem o prévio consentimento de Joyce, perfeito em *"I vil get misha mishinnah"*? Trata-se aqui, no entanto, de extremado discípulo (quem sabe) involuntário — a caminho de se igualar ao mestre —, ou não teria patrocinado um genial J.S.F. o inacreditável primeiro monólogo da história – 46-274-835! —integralmente escrito em linguagem alfanumérica pelo teclado do telefone, em *Extremamente Alto & Incrivelmente Perto.*

Ulysses x ***Harry Potter e a Câmara Secreta***: esta eu garanto que te pegou. Pois você sabia que em ambos os livros aparece o basilisco, animal mitológico que mata com o olhar? Ah. Tá bom. Informa a Wikipédia que o tal basilisco aparece também em Leonardo Da Vinci, Voltaire e Shelley, mas cá entre nós, J.A.J. e J.K.R. já está de bom tamanho.

Ulysses x ***Reparação,*** de Ian McEwan, esta é bem direta, ou alguém duvida que a gulosa Gerty MacDowell de um tenha inspirado a lasciva Lola do outro? Ambas falsas boas moças (enquanto provocam se mostram provocadas) e, ainda por cima, acompanhadas de irmãos gêmeos, um Jackson pra cada uma? Ops. Em Joyce, os gêmeos são, na verdade, irmãos de outra, mas tudo bem: tô sempre me enganando mesmo.

Jovem Joyce x Nova Literatura Brasileira: será que *O Dia Mastroianni* de J.P. Cuenca não lembra, mesmo de longe, a saga heroica do Dia de Bloom? Mais um retrato de um jovem hedonista enquanto artista, vocês sabem, numa busca incessante e infrutífera de si mesmo? E o que dizer pelo menos do título de *As sementes de Flowerville*, do jornalista, escritor e blogueiro Sérgio Rodrigues? *Flowerville*, não sei se vocês sabem, é o nome idealizado da sonhada propriedade no campo de Leopold Bloom ("floresce" em inglês), ex-Virag (*bloom* em húngaro), ou voluntariamente, para alguns efeitos estritamente particulares, Henry Flower (do inglês: "flor"), daí *Flowerville* (nota posfácia da redação: enquanto J.P. aprecia, Rodrigues nega a inspiração).

J.J. x Cultura Pop: consta que vem de Joyce a (nem tão) recente mania de reduzir tudo a siglas: é um tal de GOP (*good old party*, significando republicanos) ou BTW (*by the way*, por falar nisso) ou LOL (*laughing out loud*, rindo alto em internetês) ou ainda ASAP (*as soon as possible*, logo logo), preguiça pura de quem finalmente desperta do velho sonho americano. Joyce, vocês sabem, inventou o mais famoso acrônimo da língua inglesa, IOU (*I owe you*), mas ah, já estou me repetindo de novo. E o que dizer, então, do hábito vago de cortar palavras ao meio? Como, por exemplo, *mayo*, por *mayonnaise*? Ou *vag* por *vagina*? Hein?

Ih. Viajei na maionese. Mas se me limitasse ao cinema – onde, além do já citado *E o vento levou*, Joyce aparece sutil e perfeitamente representado em *Mais estranho que a ficção* – estaria certíssima, gente, reminiscências de coincidências, juro: por mais estranho que possa parecer, por mais banais e corriqueiros que estes títulos soem, não duvidem, aparecem primeiro em *Ulysses*. É Joyce e pronto.

Agora. Não se espantem mais com nada, por que eu? Não me espanto mais. Quase um ano passado do início da saga e, sim, meses após tê-la dado por terminada; após ter iniciado, já não era sem tempo, a construção da tão esperada casa no campo a que este livro não aludiu ainda, mas em seu devido tempo aludirá; após ter encontrado a editora ideal, que acima de tudo compartilha comigo esta adoração tardia por James Joyce; após quase ser reconvencida, por mensagens sutis (embora talvez pueris e firmemente contestadas por alegadas convicções ateístas, plenamente racionalistas), da existência de mundos além-deste-mundo vagamente vislumbrados que dali interferem neste aqui para seus melhores fins; após ter acrescentado emocionantes trechos biografados de encontros reais em Paris da editora Sylvia Beach com seu editado James Joyce; enfim, quando deste fubá eu já não esperava mais angu nenhum, eis que extraio um derradeiro cordão de onde eu menos desconfiava, conectando ao romance irlandês o de Julian Barnes, elegante escritor inglês, que tem como tema outro conhecido autor britânico, um escocês desta vez – ou seria, por ascendência, metade irlandês? –, imaginado objeto de estima de Joyce criança: Arthur Conan Doyle. Termina assim *Arthur & George*, coincidente até nos dáblios:

> *What does he see?* [O que ele vê?]
> *What did he see?* [O que ele viu?]
> *What will he see?* [O que ele verá?]

53. Joyce no meu cotidiano IV: lendas e listas

:ciclopes:joyce no meu cotidiano:

Ah, se arrependimento matasse. Esse Joyce tinha mesmo muito peito, vou te contar: é por isso que ele é James Joyce e o restinho de nós, um bandinho brega de barnabés covardes. Eu, pelo menos. Você vai com tudo, pensando que a coisa é séria, mas acaba se deparando com um texto exagerado e hiperadjetivado enfatizando um gigantismo zarolho em listas e mais listas e mais listas numa mistura hilária à altura de um legítimo samba do crioulo doido: "Os Ciclopes". Mas eu, enquanto autora, confesso que amarelei: tasquei o tesourão em tudo. Tudinho. Só sobrou o original guardado em mau inglês, mas juro por Deus que um dia existiu este trecho que se segue do *Hierosgamos*:

> "the shadow was here, i didn't invite it or let it come in, but it did anyway and like a warrior i fought it with my sword of light, nice image, so let's go back to kissing... and if i am a warrior my horse knows its way since i was born, like an athlete flew over all obstacles so you have to stop it, let me down gently and take my helmet off to show my abundant hair, take me to your hut by the river and give me a glass of the purest water... and help me out of my armour with the 3 straps around my back, and they hurt me, and they are deeply entrained in my flesh for this is an iniciatic armour."

Por Deus e pela Virgem Maria. Agora: é claro que ele – James Joyce – leva certa vantagem, escrevendo afinal na língua-pátria dele e com confessa ironia:

> "In Inisfail the fair there lies a land, the land of holy Michan. There rises a watchtower beheld of men afar. There sleep the mighty dead as in life they slept, warriors and princes of high renown. A pleasant land it is in sooth of murmuring waters, fishful streams where sport the gurnard...denizens of the aqueous kingdom too numerous to be enumerated. In the mild breezes of the west and of the east the lofty trees wave in different directions their firstclass foliage, the wafty sycamore, the Lebanonian cedar...Lovely maidens sit in close proximity to the roots of the lovely trees sin-

ging the most lovely songs while they play with all kinds of lovely objects...the splendid and of the noble district of Boyle, princes, the sons of kings."

Mas a lista das coisas mais lindas compartilhada com Alan e que acabou cortada, em prol de comerciais 196 páginas – menos de duzentas em cadernos exatos, múltiplos exatos de oito e perdidos, de qualquer maneira, na posterior diagramação rasteira que os desvirtuou –, essa eu juro que fiquei com pena, deve ser por isso (ou pela falta disso) que o *Hierosgamos* nunca decolou, vamos combinar: *una copa en Bellas Artes (*Madri, ES)*, después flamenco en Las Cuevas*; café da manhã no Garcia & Rodrigues do Leblon, Rio, BR; caminhada diária pela orla carioca; *un nadar solitario en el Verde Esmeralda, lago de montaña (*Bariloche, AR); *a hike to the bottom of the* Grand Canyon, US (*never did it); a wine break overlooking the gardens at the Getty Center in* Santa Monica, US*; the new MOMA,* Nova York, US*; Sunday brunch in* Notting Hill, Londres, GB; ver a luz do sol transformar *la façade d'Institut du Monde Arab à* Paris, FR; pirâmides em Al-Qahirah, EG; Petra, JO, *let there be peace in the Middle East;* Zippori, Galileia, IL, *for a Dyonisius Feast*; um balé de Maurice Béjart na Acrópole do festival de verão, Atenas, GR, falando de festivais: *another hot summer (avant-garde theatre) in* Edinburgh, UK; um concerto de Itzhak Perlman em qualquer lugar do mundo: ele tem A Força; *die Richard Wagner Ring am* Bayreuth, DE*, staged by Patrice Chéreau*; *Robert Wilson ten years ago; und Pina Bausch, natürlich, aus* Wuppertal, DE; ufa, já deu, no ano que vem tem mais, *love you very very much/* N.

Pau a pau com essa minha exuberância turística exibicionista, Joyce nomeia um a um os heróis irlandeses da Antiguidade, numa relação impressionante que vai de Dante Alighieri à Rainha de Sabá, passando, claro, por Adão e Eva, Capitão Nemo, Ludwig Van Beethoven e Gautama Buda: crioulo doido perde, ou se estoura de rir.

54. *BLOOM*, O FILME

:impressões:

> *O sonho é uma arte poética involuntária.*
> Kant by Mario Benedetti by José Castello

James Joyce declarou, certa vez, que não seria possível fazer de seu *Ulysses* uma obra universal por meio de traduções. Transformá-lo em filme ele achava melhor, e isso nos anos 1920, quando a arte filmada carecia dos múltiplos recursos de que dispõe hoje. O escritor era fã de cinema. Em 1909, J.J. abriu em Dublin a primeira sala de exibição da cidade e chegou a discutir com Eisenstein um roteiro para *Ulysses*, isso sim, teria dado samba, ops, odisseia. Lendo Sylvia Beach, a gente descobre que "Eisenstein era um ardoroso admirador de Joyce, mas seu respeito pelo texto era demasiado para sacrificá-lo por um filme", e a verdade é que, apesar da riqueza de possibilidades cênicas, a posteridade ainda fica devendo – como no caso das traduções – um filme decente sobre *Ulysses*: esse *Bloom*, de 2005, em versão dirigida *in loco* pelo irlandês Sean Walsh, não passa nem perto.

Tudo bem que o encomendei à locadora num dia ruim: eu estava nervosa, cansada, sobrecarregada. Acreditava, no entanto, que o poder envolvente da simples porém majestosa visão da Torre Martello, sobre o mar esmeraldino (ou verdemeleca) de Eire, seria suficiente pra dissipar tudo isso e me fazer mergulhar no clima sedutor de *Ulysses*. Que nada. Fui detestando os personagens um a um, na medida em que apareciam: um Buck Mulligan *gay* e gordo demais; um Stephen Dedalus, hum, até que eu gostei do Stephen, romântico, ruivo e delicado à primeira vista; e um Poldy Bloom muito baixo, muito bobo e careteiro demais, e olhem que sou fã de carteirinha do muito irlandês Stephen Rea desde os tempos de Neil Jordan, taí, um Neil Jordan cairia bem neste projeto pesado e desprovido de humor (?!?).

Como o DVD me pegou bem no meio do romance – hora errada? –, tive ao assistir *Bloom* a experiência dupla de ver-o-filme-depois-de--ler-o-livro e ler-o-livro-depois-de-ver-o-filme. A verdade, vamos combinar, é que já o tinha visto no passado, mas não me lembrava de nada, sei lá, acho que dormi, o que diz bastante sobre a força da obra. Na metade lida, concordei com os trechos selecionados pelo roteirista – a quem não invejo, ô trabalhinho difícil –, apesar de discordar totalmente da técnica narrada escolhida para os fluxos de consciência: o cinema merecia mais, e a maravilhosa ousadia criativa de Joyce, muito mais. Na outra metade... boiei. Nem dá pra entender o que acontece e o excesso de texto, comprimido em minutos de imagens, dá curto-circuito em qualquer cérebro, resultando em flagrante desinteresse: só não dormi de novo, porque, vocês sabem, já tinha sido mordida pela antitsetsé que é a beleza de *Ulysses*. De volta ao livro, batalhei um bocado pra esquecer o que tinha visto e recuperar meu próprio arsenal imaginativo, meu muito privado casamento criativo com Joyce que só funciona na solidão de alcova da minha mente.

Um breve parêntese para as (cenas do bordel, Alan olhando pra mim entre divertido e penalizado: "Você já leu isso?!" Eu não, coitada, ainda não, "Quero ver você se virar"). Pois viu. Me virei. Deixando de lado as múltiplas teorias estético-psicanalítico-filosóficas que perseguem o enigmático episódio "Circe", acordei na manhã seguinte entendendo tudo: trata-se da linguagem dos sonhos que Joyce, brilhante e hermeticamente, explorou em *Finnegans Wake* alguns anos mais tarde, ai, tem dó, só vou chegar lá por volta de 2012 (se o mundo não acabar). Mas meu sonho daquela noite eu conto agora.

No fim da tarde, um velho amigo tinha aparecido aqui em casa, chegado de Paris com uma inesperada família (esposa e filho) francesa: *mon cher* João, doutorando em cinema pela Sorbonne, que (em vida anterior) havia sido barman do Cochrane's, nosso Davy Byrne's local, pertencente a um ex-velejador inglês de nome Crocker e sua musa loura Úrsula, de quem João ainda era amigo. Vi o filme depois que saíram e acabei com uma enxaqueca terrível, mas, em todo o caso, consegui adormecer com a cabeça cheia de James Joyce, fotogramas, Rea/Bloom, literatura, num susto troante a voz possante de Alan, pão com peixe, excesso de álcool, obrigações, memórias do passado, João + Pascale + bebê Adrien Otávio + olhinhos azuis por todo lado. Sonhei.

Johnny Ex-Barman tirra do bolso un sel quadradazur uso três facile em quelque local colad un relator completisme au doutorrad bastant un software distant na tele du computadeurtélé ouiparri! Cest sibon ça! Adrienbebê seis moins de idade ohlala português parfait raciocín impecáble um françois passad si lounge loucurra fest transition indigest un crânio calv. Remot control après du son um bon bain: Pascalesposa piel branconeon avec le Johnnypapai dans létrange artefato redouble de um lado bassine doutro teledigité pour le bebê tema temperatura tédio eviter. Chamtaxi qui aquela tralha tout maman lavad la beira suj du pantalon begecrru parfaitbebê le sourire bem jaune. D'après tout tranqué dans le prediô gris la vague ocupad la carrone menon de un furgon verd: tous par dentre bien vite un bebê cansad Otavinho nonon. Uf. Vam con Dieu.

Acordei quando encarei, de repente num close, os olhinhos espertazuis do Otavinho... e *voilà*, tudo entendido no ato, porque em autos oníricos similares, me entendam: com o sexo exposto em meio à multidão (como Bloom em "Circe") já estive acossada, perdida e nua, num flagrante rasgado de graves pecados mortais, ô pesadelo triste. Quem não.

***

Pra adiantar o serviço, vou logo afirmando que Alan sempre considerou nosso encontro amoroso – o aqui nomeado *Hierosgamos* – filmável à beça e, pelo sim, pelo não, dissolvi numa boa trama os dilemas visuais do texto, deixando muito claro no roteiro o que era delírio e o que não era, ah, esqueçam: era tudo delírio. Ai, que constrangimento.

55. JOYCE NO COTIDIANO XI: PLANOS SUPERIORES

:ciclopes:joyce no cotidiano:

De James Joyce, em "Os Ciclopes": "...a aparição do duploetérico sendo de particular similitude com a vida devido à descarga dos raios jívicos vindos da coroa da cabeça e do rosto. A comunicação se dava através do corpo pituitário e também por meio de igneolaranjas e rubros raios emanados da região do sacro e do plexo solar."

De Lisa Renee, guiada por uma Hierarquia Espiritual: "...nas primeiras ondas de Ascensão evolutiva encontram-se diretamente suspensos entre tais Eras ou linhas de tempo e sentindo desorientação. A sensação acontece imediatamente antes da abertura do portal dimensional por sua consciência pessoal para revelar o próximo nível da linha de tempo/realidade para o qual nos destinamos."

De Noga Lubicz (ainda sem Sklar), no *Eu, xamã*: "...os limites do tempo se dissolveram e, puxando de dentro do corpo um cordão interminável na altura do plexo do lado direito, me deitei de lado, em posição fetal. Apareceu um cristal enorme e acabei me entregando, relaxando o corpo na superfície lisa o cristal se iluminava, emitindo luz colorida – do vermelho ao violeta, passando por todos os tons do espectro –, uma cor para cada chakra."

56. Nunc et in hora

:cila e caribde:coletor de injustiças:

Não sei não: sinto um grande medo de falsas esperanças, prazos e expectativas, e faz tempo que os tenho evitado. Já vi muita gente boa sucumbir por causa disso, mas às vezes não dá pra segurar o vigoroso "agora vai" que escapa rugindo do velho peito caído, gestado e gerado na década mágica de 1950. Pois quando se esperava que a gente logo se aposentasse, ou decididamente desistisse (dando a voz aos donos da vez), a coisa ficou difícil: ói nóis aí traveiz.

Oportuno inda que tardio é o renascimento de quem fez história – enquanto eu tentava fazer uma história dando de vez em quando a mãozinha a eles, ou pegando carona de mãozinha dada com eles – nos idos de oitentessete usando o Cochrane's como escritório noturno, ah, tá bom: como todo frequentador daquele bar, eu vinha com essa lorota entre um uísque e outro e, curioso ou não, coincidência ou não, eu e João – atual doutorando em cinema e morando em Paris, não custa lembrar: tem gente que consegue *meesmo* dar a volta por cima – lembramos outro dia do "falecido De Gang", é sério: houve quem pensasse (não eu) que ele estivesse morto. Enfim. Lá vou eu de novo tirando a minha casquinha na tardia notoriedade alheia, nós todos contemporâneos na falta almejada de fama enquanto se espera essa nossa vez, ufa, no "Bloco da Fila Anda". Afe.

Vocês, eu não sei, mas tenho me sentido cheia de energia. Isso provavelmente porque, depois de anos dividida entre dois cérebros disfuncionais – o de mamãe senil e o meu – troquei um deles por outro mais produtivo e que agora canaliza, imaginem, mensagens literais de James Joyce (como as que o autor tão jocosamente descreve em seus "recados de mortos sobre sapatos perdidos"), uma pontinha erudita de esperança. Para animar escritores fracassados, com um sabor amargo-doce de ilusão porética (à la Stephen Dedalus), não tem encosto melhor: "E minha vez? Quando?"

Pois é. Junto a essa meia dúzia de três ou quatro que andou tentando, ultimamente, se erguer dos mortos, consta esta antiga mineira que agora se diz carioca, antiga designer, antiga vanguardinha do Brasil, hoje escritora e coroa acomodada que aqui vos fala, é, gente: antes fosse a namoradinha, mas, como se diz... nunca é tarde para... nem que seja na hora da morte, amém, puro equívoco católico apostólico: sempre pensei que a oração significava "antes tarde do que nunca", mas *nunc* em latim significa "agora".

Antes agora do que nunca, não é verdade?

57. Tarde demais

:bloga noga:

Todo escritor precisa de um mecenas. Seja ele um segundo emprego, a loteria, a família rica... ou, no melhor dos casos, o público leitor.
(não deu pra entender se o autor da epígrafe é) André Laurentino ou Margaret Atwood *(who cares,* a dor é a mesma)

Verdade que eu já estava me preparando para o epitáfio, tinha título e tudo (meu tédio desarvorado na citação aí de cima), mas quando me deparei com aquele artigo de página inteira... parei, me sentei, tirei os óculos embaçados da maturidade e, gente: chorei.

Marcelo De Gang foi figura emblemática da minha segunda juventude, nos poucos meses de 1986 em que fui famosa, rica e poderosa, tudo ao mesmo tempo (em outros períodos da vida fui um, fui outro: agora não sou nem um nem outro). Estava sempre por perto na noite do Cochrane's, que eu frequentava com minha assistente após o expediente, em dias melhores depois de um jantar de peixe em Ipanema, no

Satyricon, ao preço de um, acreditem, salário mínimo inteirinho. Pedia um (já nem me lembro o que eu bebia), pedia dois e ficava lá até as duas, três da manhã, trocando torpedos de minichampanhe com algum ficante, antes de (sair pra dançar no Cubatão e) voltar pra casa sozinha dirigindo bêbada, o dia quase amanhecendo. Lá pelas tantas Marcelo chegava, magro e misterioso por baixo da inevitável capa preta, a pele branca como uma tela de Kasimir Malevitch: em si uma performance, gênero de expressão artística muito em voga na época. À meia-noite era a vez do cobiçado Claudio (M. de O.) aparecer do nada – a *Time Magazine* debaixo do braço com David Byrne na capa –, ejetado da aridez dos subúrbios para a nossa intrigante modernidade em seu velho Passat cinza-chumbo: nunca antes da meia-noite.

Se Claudio chegou a desconfiar do fato, De Gang nunca soube que eu era artista. Quando olhava pra mim, ele via... um patrocínio, quem diria. Eu dei. Troquei sob protestos (dele) por um belíssimo casaco branco, eternizado em foto (minha) mais tarde, num cartão de Natal da ex-famosa Pólen Design (Ltda.). O casaco sumiu. O cartão também. E também o Cochrane's, a Pólen, o Claudio... e, claro, o Crepúsculo de Cubatão. De Gang também tinha sumido, e quando eu já me preparava pra sumir também, *voilà*: renasceu. Com direito a biografia e tudo, escrita por *ghost-writer* confesso, e justo quando eu já nem sabia se preferia mesmo ser *writer*. Ou *ghost*.

É claro que para a média do trabalhador brasileiro, sou rica. De outra forma, como poderia? Se mesmo hoje, ao revisar esta crônica, me fica a impressão de ser tarde demais? O que escrevo vem do fundo do peito. Achou cafona? Retrógrado? Autoindulgente? Como aquele pouco gentil (e precipitado) comentador de blog, achou meu texto uma merda? Pois azar o seu. Quanto a mim – já que é tarde demais pra convencer alguém de que nada há de errado num drama que flui intenso, impetuoso e livre como uma enxurrada –, não me curvo a padrões, a temas sob medida ou regras de mercado: não fosse a mente (e a reflexão da gente) uma inescapável corredeira interna de textos apenas esboçados. Que há de tão imenso e belo, pergunto, na (liberdade de) criação? Taí: é o que venho pregando. E não há de ser neste meu último voo, o da literatura, que hei de ceder ao peso apoético de ser ou não ser aceita.

Maktub.

58. Ah, se eu soubesse...

:joyce no meu cotidiano:lestrígones:penélope:

Frase enigmática que, por muito tempo, frustrou a intenção de decepcionados analistas de *Ulysses* – "*Women won't pick up pins. Say it cuts lo*" ["Mulher não pega alfinete. Diz que corta o am" (ou em outra opção de tradução, pelo menos duas letras mais clara: "espanta o aman")] –, este "espanta o aman", ou "corta o am", não passa de mandinga da boa: mulheres não pegam alfinetes do chão porque espanta o amor, *cuts lo(ve)*, deu pra entender agora? Bom. Desculpem aí, se o mistério perdeu a graça.

Pena que eu não soubesse disso, é, gente, podem acreditar: antes de ter tentado a simpatia oposta... e me dado muito mal, mas muito mal mesmo. Funcionava assim, olha aí o perigo, envolvendo as pétalas soltas de três rosas frescas vermelhas – mais uma vela de sete dias, sem fita amarela, e um bilhetinho com o nome dele escrito – fervidas em água com mel, você besuntada com aquela mistura melada (sem se secar com a toalha, claro) antes do primeiro encontro com o pretendente, o bilhetinho nomeado, cortado em pedacinhos, debaixo da vela acesa de sete dias. Podia até não incendiar a casa, mas o coração de alguém? Não falhava nunca. E comigo tampouco falhou: o carinha ainda insistia na minha cola bem depois de eu ter decidido, ter tentado ardentemente, me afastar para sempre dele. Ah, se eu na época conhecesse o velho macete do alfinete: apanhava do chão quantos fosse preciso.

Outra superstição divertida contada por Joyce em *Ulysses* (li por aí que J.J. era, ele mesmo, um bocado supersticioso) me é bastante familiar: a do caso verídico de Cashel Boyle O'Connor Fitzmaurice Tisdall Farrell, um sujeito excêntrico de Dublin que só andava na rua pelo lado de fora dos postes. Eu também. Juro. Andava pelo calçadão português da orla evitando as pedrinhas pretas, é sério, um hábito estranho – e bastante neurótico, não? – que até deu em miniconto, "No Posto Dois":

"Gemido pode, se for baixinho. Nua ainda não, mas desnudada contra o vento, no canto do olho apaixonado, quem sabe. Regras do tipo eram mania dela desde que a vi pela primeira vez, o rosto encarando o chão, pisando com extremo cuidado, no desenho composto da calçada, só sobre as pedrinhas brancas. É pra dar sorte, dizia ela, mas eu pensei: isso não vai dar certo. Quem acabou dando sorte, acho, fui eu, e agora tento, do jeito que posso, transgredir suavemente o rígido código moral dela. No rosto pode, no lábio mole a língua discreta, oculta no largo da aba, descendo pescoço abaixo pela estampa filtrada da palha, ai, assim não. Na nuca, ainda não. Na curva da noite, quem sabe, quando a luz já não fosse tão clara... Pelo dorso adentro meu braço na cintura dela, eu mal me aguento, mas finjo que aceito flanar por enquanto na sombra dela, o corpo me delata quando toco o flanco, branco, preto, branco eu brincando com a sorte de tê-la conhecido, provando o hálito doce e faminto dela ali, gemendo aiai, se for baixinho pode. O amor, convenhamos: não tem regra nenhuma e, como a prosa poética, nasce até no tombo, da mania de cara no chão, foi, uma obsessão sempre exclui as demais. No preto no branco e contando passo ela esbarrou na mesa derramando meu chope aguado, aterrissou no meu colo cansado que ao peso ondulante dela se enrijeceu, se lembrou, gritou de desejo no meio escaldante do dia. Depois disso, não teve mais chope, nem dama, nem carta jogada fora, o tempo encolhido no encontro pela queda abrupta dela no ponto dolorido ao toque, nem olhar guloso a bem da verdade teve. Foi preto no branco e eu virei outro, e agora isso pode, aquilo não pode, é por puro amor que se eu penso não digo, se eu quero não faço, se eu gozo não conto até que ela me abrace na cama desfeita me abrindo a cona adoçada dela, cortinas baixadas, no quarto apertado com vista pra praça. Onde a gente pode tudo."

Tá certo. Sei muito bem que essa tônica, ainda que irônica, bem que caberia numa subcrônica da subclasse eletrônica "Joyce no meu cotidiano número xis", mas ah: cansei disso. Como muitas vezes incluída esta cansei de vez de mim, se por outro motivo não fosse simplesmente porque é domingo e, além do mais, aniversário do Alan. Pelo bem das firulas do amor, não convém se esquecer desse tipo de coisa, a mandinga largada lá fora, ignorado de uma vez por todas o bendito alfinete: deixa ele caído aí.

59. MINHA TIA OCTOGENÁRIA

:bloga noga:hades:tradutores:

Minha tia octogenária... ah, tá bom: tem uma pedra no meio do caminho, no meio do caminho tem uma pedra. Minha tia está no hospital, vítima de um derrame, e depois dos 80, vocês sabem: há motivo de preocupação. Mas do derrame não sei nada, porque meu tio não me disse nada, nem quer que ninguém saiba de nada ainda.

Concordar, não concordo, mas entendo. Ele não quer que eu saiba de nada? De nada saberei. Mas penso no assunto durante a noite, sobre a atitude a tomar, se está certo ou não comparado a que e a quem deixar o velho sozinho consigo mesmo (na hora da necessidade), avisar do ocorrido os filhos dele, enfim, tomar a frente da coisa como é meu costume. Concordar, não concordo, mas me controlo, não decido nada até de manhã quando o telefone toca e me salva de "ser a última a saber", já que a vida se encarregou e a notícia caiu em domínio público. Segue o dilema se escrevo a crônica ou não, sou fiel ou não à transparência total, me recolho ou não na iminência da morte, como toda pessoa normal e decente faz.

Sou ruim de morte, esta é a verdade. Querem discutir propostas de cemitério, o futuro incerto-porém-inescapável de mamãe – vocês sabem, trancada há anos na mortevida do Alzheimer –, mas eu não topo: odeio conversas de cemitério e ainda por cima tenho trauma, mas quem não tem? Não consigo enfrentar a questão com calma, embora venha me preparando há anos, depois da temporada de doenças, para a indubitável temporada de falecimentos. Poucos tocam no assunto e não sou diferente: me sinto perplexa. Tenho medo de hospital. Tenho medo da dor. Tenho medo do sofrimento. E mais dificuldades de aceitar a morte alheia do que a minha própria, já planejada há muito como aparece nos filmes: quero eutanásia, sim, e se for o caso, ser cremada e romanticamente espalhada no Jardim Botânico. E não quero complicar nada, nada, nem precisa me levar para o Monte das Oliveiras na Terra Santa, que não tenho a menor intenção de ressuscitar um dia: uma vida me basta, já deixei bem claro isso, e se o jardim estiver complicado, podem me despejar no vaso de casa mesmo, ops, no vaso de plantas, claro. Não vai daí desrespeito nenhum, ou humor inoportuno ou traço algum de uma importuna e inconveniente ausência de amor, gente, não: só a moralidade prática desta humana mordaz e interiormente solitária, com sua plena falta-de-jeito universal em torno de mórbidos pensamentos de morte, nosso fim inevitável e de todos que amamos.

Minha tia está bem, quer dizer, tão bem quanto pode estar uma enfraquecida octogenária – com tendência à depressão – que vê seu cérebro atacado de frente, em plena competição com o resto do corpo pela melhor hora de morrer. É. Eu poderia, sim, apelar para um eufemismo qualquer: deixar o ringue, abandonar a luta, esticar as canelas, chutar o balde, bater as botas, ou (pra não deixar de lado a obsessão atual que até na morte em família me salva de demais loucuras) como optou o Houaiss, em sua demente tradução megafilolomaníaca de *Ulysses*: "bater com o cu na cerca".

Ah. Tá bom: é um assunto espinhoso. Espinhoso e, se este Deus de vocês quiser, prematuro, mas bem, hum, não por muito tempo: faz parte do interminável e doloroso e misterioso e nunca satisfatório rito de tornar-se adulto um dia.

60. Otelo, o deusdemônio

:ciclopes:joyce no meu cotidiano:

"Ele está vindo para cá? É bravo?", pergunta um James Joyce apavorado a Sylvia Beach, durante o jantar em que se conheceram, ao ouvir um cão latir do outro lado da rua.

Joyce, todo mundo sabe, nunca gostou de cachorros. Também não gosto, e não foi por mal, foi por trauma mesmo. De infância, ele. De infância, eu.

O grande, o desmedido Otelo, sim, era preto. Mas mouro não era: era um dogue alemão, se é que você me entendem. Com seu pulo animado pra cima de mim não pretendeu jamais me ferir, isto é, nunca confessou que pretendia. Tudo não passou de mal medida demonstração de amor à altura de seu corpanzil canino, o focinho rosnante e arreganhado na curva macia de meu medroso pescocinho de menina.

Nosso Otelo, o grande, foi traído pelo mordido Iago – um rato –, pior que a peste bubônica, já que foi ele, o cão, que acabou morrendo, não sem antes devorar meia dúzia de periquitos inocentes, surpreendidos no jardim lá de casa na armadilha metálica do gaiolão, cujo segredo de porta Otelo havia há muito desvendado.

Depois de Otelo, vieram Janjão *mit* Jujuba, um par de salsichas inofensivos que meus primos adoravam. Eram pequenos, nada assustadores, mas perturbavam demais no tapete da sala a minha avó desesperada: *Ghey veg! Loz mir hup! Oy, hub nicht kain coiach!*

Já gatos, não sei. *I'm not a pet person* (tenho meus motivos), mas, se der, da próxima vez, eu conto a história de Elza e seus gatos doentes, de cuja diarreia virótica tratei em Pirenópolis, ah, imaginem dar comprimi-do pra diarreia em boca de gato doente. Bem. Melhor esquecer mesmo.

61. Bloom, Flower, Flor

:ciclopes:

O cara fez de novo, caramba. Superou-se de novo, porém, desta vez, em "Os Ciclopes", acrescentando ao desafio toques sutis de tescon-juro. Desconforto. A gente vai com tudo pra cima da ladainha pomposa dele, pensando que a devotada liturgia apostólica, pelo menos, é coisa séria. Mas não sabe da missa a metade, pois ao longo da longa lista de santos banais evocados – São Nunca, São Pedro, São Brás – acaba es-barrando com um Santo Anônimo, um São Pseudonymous e um Santo Homonymous, sem deixar de lado o São Sinonymus, não, isso nunca. Com a gigantesca convicção estrábica de quem vive com um olho só, um James Joyce muito lúcido dispara em paródia chistosa lembrando a mania, muito familiar, de afetar um conhecimento que a gente não tem, nunca teve, hum, atitude bem normal em eruditos de superfície, melhor apelar de uma vez pro popular, não é mesmo? O que Joyce também faz, e o faz como ninguém.

Leio *Ulysses* com a voracidade com que eu gostaria de ser lida e, no entanto, com a humildade de duvidar que eu pudesse um dia pro-vocar tanto: a cada momento me surpreendo, a cada palavra. Acreditei, sinceramente, que este episódio seria chato: novo engano. Incomoda-da com a virulência xenofóbica típica de política ultranacionalista, me perguntei para onde teria ido a riqueza arroubada da Irlanda, tão (de) cantada pelos chicoteadores de escravos, súditos cruéis da Velha Vic, a Rainha Bêbada: teria sido consumida no uísque Black & White? Nada disso. Veio parar no Brasil, no Rio de Janeiro mais exatamente, está em "Os Ciclopes" – episódio de *Ulysses* que, se fosse hoje, não faria o menor sentido, pois depois de mandar muita bala o tal Sinn Feinn acabou en-tregando o jogo (mas não os pontos), e a falta da disposição armada fez da Irlanda, antes da crise econômica global, um dos países mais ricos do mundo. Provaram que podiam, ponto pra eles.

Escrevendo, em contraponto ao vulgar, num estilo caudaloso à beça, Joyce abusa do economês, do juridiquês, do jargão esportivo e da técnica puxassaquista geral do clássico colunismo social – como, por exemplo, na estranha nomenclatura de alta sociedade que ele recita, sem nenhum arremedo: "Senhorita Abeta Conifer Pinheiro do Vale, Lady Silvestre Olmedo, Senhora Bárbara do Vidoeiro Amado, Senhora Pontal do Freixo, Senhora Azevinho Avelaneda, Senhorita Dafne Loureiro, Senhorita Doroteia Canabrava, Senhora Clyde Arboredo", deu pra entender a dica? Pois é: Joyce era um pacifista, um prévio e imprevisto ecologista, que Beuys, que nada. E como se viu, um apologista da ecologia humana, embora faça pouco, às vezes, de heróis nacionais importantes – como o festejado Hokopoko Harakiri – e daqueles títulos todos – H.R.H., His Royal Highness, Sua Alteza Real; K.G., Knight of the Garter, Cavalheiro da Jarreteira; K.P., Knight of Saint Patrick, Cavalheiro de São Patrício; K.T., Knight of (the Order of the) Thistle, Cavalheiro (da Ordem) do Cardo; P.C., Privy Counselor, Conselheiro Privado; K.C.B., Knight Commander of the Bath, Cavalheiro Comandante (da Ordem) do Banho; M.P., Member of Parliament, Membro do Parlamento; J.P., Justice of Peace, Juiz de Paz; M.B., *Medicinae Baccalaureus*, Bacharel em Medicina; D.S.O., Distinguished Service Order, Ordem de Serviço Distinguido; S.O.D., Senior Officer of the Day, Oficial-Mor do Dia; M.F.H., Master of Foxhounds, Mestre de Caça; M.R.I.A., Member of the Royal Irish Academy, Membro da Academia Real Irlandesa; B.L., Bachelor of Laws, Bacharel em Direito; Mus. Doc., *Musicae Doctor,* Doutor em Música; P.L.G., President of Life Guards, Presidente dos Serviços de Salvamento; F.T.C.D., Fellow of the Trinity College of Dublin, Membro do Colégio da Trindade de Dublin; F.R.U.I., Fellow of the Royal University of Ireland, Membro da Universidade Real da Irlanda; F.R.C.P.I., Fellow of the Royal College of Practitioners of Ireland, Membro do Colégio Real de Médicos da Irlanda; F.R.C.S.I., Fellow of the Royal College of Surgeons of Ireland, Membro do Colégio Real de Cirurgiões da Irlanda [Nota abrangente de A. Houaiss, transcrita *ipsis litteris* em toda a sua extensão, com eventuais *misspellings,* itálicos e vis traduções] –, todos convocados a testemunhar a barbaridade sem nome que assolava o Eire em perpétua luta. James Joyce: um aquariano legítimo e um cidadão precoce da Era de Aquário, mas que escolheu morrer em Capricórnio, fazer o quê.

Finalmente, é neste capítulo, entre assustado e meio deslocado enquanto vítima de inaudita violência antissemita, que se revela plenamente o varão valoroso desta odisseia inédita, o especialista em tudo e herói de dois mundos que não se chama Ulysses – como seria de se esperar – mas Bloom, o homem-flor, o injustamente acusado e jogadofora conterrâneo espiritual de Felix Mendelssohn, Karl Marx, Mercadante e Spinoza (e Freud e Greenspan e Einstein e Lubitsch e por aí afora), três vivas para o Rei de Israel, o Salvador: rebento achacado de pai suicida, órfão de filho e marido traído, mas que, ao final do episódio, glorioso e redimido, ascende aos céus entre hordas de anjos no carro de fogo do Elias profeta, ben Bloom Elias, com sua empáfia perdida de mártir semítico.

62. O especialista em Bach

:bloga noga:

A obrigação de ser intelectual, para mim, foi sempre um peso. Lá em casa, todo mundo lia tudo. Eu também. Frequentava teatro, concertos, exposições. Com dois minutinhos de melodia, reconhecia qualquer compositor clássico: Mozart, Bach, Schöenberg, e mais uma lista enorme de nomes. Coreógrafos. Diretores de ópera. Filmes-cabeça. O setor "memória cultural" da minha mente, gente, era quase um Google: eu citava todas. Dos dez aos 20 anos, li todos os livros obrigatórios e mais os novos lançamentos, mas de uma cultura de best-sellers tão marcante e agressiva como a de hoje, francamente não me lembro. Papai escolhia os títulos e antes de começar a ler, orgulhosamente, tascava à tinta na folha de rosto uma prova da posse: "Lubicz".

Curiosamente, Bach era considerado "hermético", só para iniciados – como um conhecido doutor de Beagá e seu grupinho de aficionados que todo santo fim de semana se reunia, num silêncio de igreja, para adorar tocatas e fugas (nos feriadões as Paixões, seis horas ininterruptas de música, sem parar nem prum cafezinho). Na vida "civil" era um babaca, tinha umas manias desprezíveis, mas ficou pra história como o "especialista em Bach".

Bons tempos aqueles da ditadura militar, a *gloriosa* que censurava tudo. Era preciso voar a Paris pra se ver um filme, e a Nova York pra se ir ao teatro. Viajava-se a São Paulo só por um concerto, e eu não perdia uma. Depois não sei o que me aconteceu: deu canseira. Papai morreu de repente num acidente. Me mudei para o Rio, onde me aproximei de uns dois ou três artistas e abri um bar de vanguarda. Uma insatisfação completa invadiu minha vida e passei anos e anos lendo livros esotéricos ou, no máximo, científicos. Depois mais nada. Tevê. Roquenrol.

Foi mais ou menos por essa época que comecei a trocar emails com o Gerald Thomas. Ah. É. Acho que o gosto por teatro de vanguarda – quanto mais hermético, melhor – era mais fundamentado que o resto e permaneceu, conservando incólume no altar cerebral a fantástica Pina Bausch. Na primeira msg, Gerald se declarou surpreendido com minha inteligência e nível cultural. Fiquei toda boba, mas fui logo pensando: isso não vai longe não. Já, já, ele vai descobrir que sou uma fraude, nunca li Nietzsche nem Hegel e, muito menos... Beckett, gulp, o eterno favorito dele. Lamentei não tê-lo conhecido na adolescência, quando aí, sim, eu vivia *up to date*: sabia tudo que se poderia saber na minha idade. Mas, ultimamente... tsk, tsk. E tendo, ainda por cima, de aturar a família inteira fazendo pouco de mim por eu ter virado "bruxa", viver às voltas com xamãs, pêndulos, terapias alternativas — bengalas ridículas, vocês sabem, coisas de gente sem fibra que não enfrenta a vida. Hã-hã. Na minha cabeça, eu estava mesmo era me expandido, me deslumbrando com as coincidências e enxergando o sobrenatural em quase tudo, enquanto tentava escapar do duro castigo de acompanhar mamãe ao Municipal. Não é que eu não gostasse de música. Gostava. Não gostava era de aparecer em público com mãe a tiracolo, sem um homem pra chamar de meu. Aos 30, 40 e poucos, era humilhante demais, estragava qualquer Menuhin. Verdade. Eu era muito boba.

Pois ultimamente, tendo desistido, terminantemente, de bancar a intelectual (não tenho mais saúde praquelas citações todas), fico vagando numa terra-de-ninguém entre Paulo Coelho e Philip Roth, e tudo isso agora, gente, por quê? Bom. Não sei se vocês leram algo sobre aquele rumoroso caso da estudante de letras inglesa, que, imaginem, elegeu *O Alquimista* como seu livro de cabeceira. O pessoal caiu de pau, lógico, a intenção era essa: P.C., vocês sabem, é a pedra no sapato dessa gente. Rico. Reconhecido. Internacional. E péssimo escritor, vai entender. Se eu gosto? Bem. Hum. Tem duas ou três coisas que eu li dele, e algo de bom, bem que ele tem: escreve de coração... ou... escrevia, né? Mais ou menos até *Brida*, isso, antes de virar fórmula.

Agora, vem cá: Bach é mesmo hermético? Não acho. Quando quero música, é muitas vezes o que eu escuto, e se a minha cabeça der nó, me enrosco miudinha de fone no ouvido e mando pra dentro o "São

Mateus" inteirinho, de um gole só. Mas isso é raro e, cá entre nós, tem muito Tchaikovsky que eu adoro: música de elevador, se é que vocês me entendem. No meu tempo de garota, Tchaikovsky era assim, digamos, o Paulo Coelho da música erudita, uma vergonha confessar que na intimidade eu curto: coisa mais linda, aquele concerto dele pra violino e orquestra, é ou não é? É meu secreto *O Alquimista*, mas, por favor, não espalhem.

63. NO DIVÃ DE JUNG
(BRINCANDO COM FOGO, OU MELHOR, COM UM POSSÍVEL PIROMANÍACO)

:coletor de injustiças:

James e Lucia seguem para o fundo do rio. Mas enquanto
James mergulha, Lucia se afoga.
do divã de Carl Jung, analista de Lucia Joyce

James Joyce era esquizofrênico. Bem. Foi este, pelo menos, o diagnóstico do respeitado Dr. C.G.J. depois de ler *Ulysses*, ô Gus, meu velho: melhor falar logo sério. E coprófago, e pedófilo, e fã confesso de sexo anal, além de serial devorador de criancinhas, claro. Verdade? Ninguém sabe. E ninguém saberá jamais, desde que o derradeiro Joyce, um possível piromaníaco – o *Stephen Hero* real e neto dileto do escritor –, arquiinimigo declarado da história moderna da literatura e atual gestor despótico do patrimônio cultural do *nonno* (ai, que fofo), queimou as cartas de pai-pra-filha e de filha-pra-pai, e olhem que nem se tratava da mãe dele, no máximo a tia, ah, tá bom, que, além de seduzida pelo pai, transou com o próprio irmão, George Joyce, pai de Stephen James. É o que se diz por aí, caramba, não me processe não, Stevie *darling*, que essa história está na boca do povo: pode até não passar de fofoca anônima de Wikipédia, mas que prova assim mesmo que a família é a morte do artista, ah, isso prova. Ou, pelo menos, que são mesmo mortais os efeitos colaterais que a arte exerce sobre a família do artista: *tutti buona gente*.

Artista é tudo louco, a gente sabe. Mas o que seria de nós sem este tipo maravilhoso de loucura? Se Joyce não comeu de fato a própria filha, o fato é que, pelo menos, desejou ardentemente comê-la, e ainda fez disso o tema dominante em *Finnegans Wake*, tudo bem: a favor do escritor pode-se dizer que entre o anseio e sua realização há uma enorme distância, do tamanho da cultura do mundo. Além do que, vamos combinar: não foi Joyce o primeiro pai que eu vi arrastando a asa sob a saia da filha... O quê? Como é que é? O meu, não, ei, sai pra lá, e não é por nada: fui sempre a gordinha, a baixinha, a metidinha e meio desajeitadinha, e nem todo pai, vocês sabem, é cego. Mas Joyce, coitado, era. Ou acabou ficando. (Já aquele meu ex... ah, melhor deixar pra lá.)

Ainda bem que J.J. nem viveu o bastante pra morrer de desgosto com a caretice do neto, celebrado em sua chegada ao mundo com um poema (ruim) do avô: "Of the dark past/ A boy is born;/ With joy and grief/ My heart is torn". O sujeito cria, sofre, procria, depois vem a cria tentando podar a fúria criativa dele: nesse tipo de vexame Stephen Joyce não está sozinho, gente, não. Faz bom par com a família de Wagner, por exemplo, que tenta a qualquer custo vencer na vida em Bayreuth, às custas do antepassado famoso e do prazer extático que a gente sente com as criações dele (do Richard, claro); e com Ted Hughes, ex-marido e viúvo de Sylvia Plath que destruiu os diários dela; e com Valerie, viúva de T.S. Eliot, que fez de um tudo para evitar as biografias do marido.

No caso de Joyce, em todo o caso, a solução está próxima: Stephen James passou dos 70 e, depois de uma vida dedicada à preservação (ou melhor, ao encarceramento) da obra do avô famoso, não deixa herdeiros. Se apesar da ardente torcida ele não desencarnar tão cedo, não tem problema: em 2012 – se o mundo não acabar antes, já disse e repito – a obra do *nonno* cairá em domínio público.

Quanto a mim, não se preocupem: todos e quaisquer absurdos que jamais me passaram pela cabeça estão publicados na rede, e não há sobrinho (nem irmão, nem marido, nem enteado) que possa controlar o destino deles, tudo pra sempre no Google pra todo mundo ler, evitando de cara um bom suspense post-mortem — como aquele protagonizado pelo herdeiro de Nabokov, que apenas recentemente, depois de um encasulado hiato de mais de 30 anos, decidiu publicar a última novela (inacabada) de seu pai Vladimir. Contrariando instruções expressas do próprio, claro. Impossível satisfazer a todos, não?

64. Obituário

:bloga noga:hades:

Era um homem de bem, esse Geraldo Jordão Pereira: um sujeito totalmente do bem. Morreu num 12 de fevereiro, de um AVC, aos 69 anos. Deixa esposa, quatro filhos e 11 netos. Será cremado.

Nunca escrevi um obituário antes. E se escrevo este não é por estar envolvida, ultimamente, em penosas lides pessoais com a morte. Não. Nunca escrevi um obituário antes, porque acredito que, para escrever um, é preciso certo grau de envolvimento com o morto, uma admiração, algo a mais um pouco além do interesse acadêmico, do conhecimento enciclopédico de um Google. Ou então, por não passar de jornalista de araque mesmo, cronista por pretensão, ou por puro amor ao ofício.

Conheci Geraldo Jordão pessoalmente, não me lembro bem quando, mas muito bem das circunstâncias: do como e por quê. Fui apresentada a ele, afável e austero em seu escritório da Salamandra (por intermédio de minha então analista Beth Rodrigues), por conta do projeto de um livro sobre Bispo do Rosário, no qual me vira apaixonadamente metida. Agora. Pra ver se me lembro como é que fui me envolver com isso, é preciso puxar pelo hipocampo: foi através de Marcelo, eu acho, um namorado fotógrafo que me levou pela primeira vez à Colônia Juliano Moreira, onde Bispo passou a vida numa cela de três por dois. Nessa visita encontrei Denise Correia, psicóloga que até a morte dele cuidou do artista – e posteriormente, das obras e restos de matéria-prima, atacados por cupins e já transformados em peças de museu. Foi o que bastou: entranhou-se em mim a paixão pelo Bispo como um caótico emaranhado de fios destecidos, e a ela me entreguei. Fiz contatos, algumas tentativas malogradas de patrocínio, entrevistas com o crítico de arte Frederico de Morais – meu amigo dos tempos de Belo Horizonte então considerado "descobridor" de Bispo –, mas não rolou grana, nem vontade pública, sei lá. Apesar da atenção de Geraldo, o livro jamais foi publicado. Achei melhor esquecer.

Não me esqueci, no entanto, do meu intenso envolvimento: eu andava pela rua com Bispo do Rosário dentro de mim ditando instruções, cores, fontes, formatos, tipos de papel. Atravessava o túnel para ir à Colônia e ouvia Bispo indicando o caminho. Criava na mente projetos loucos de apoio aos doentes nus, largados, indolentes: cortar de graça o cabelo deles, reproduzir em livro os signos medievais rabiscados por eles nos muros do hospital, qualquer coisa que me redimisse pela insanidade, pela alma desconectada deles. Um medo. Uma dor. Que ainda me toca enquanto me lembro, já com saudades, do caro editor Geraldo Jordão: agora com outra recente paixão – tão forte quanto a que senti por Bispo –, tendo desta vez por objeto o irlandês James Joyce, de quem escuto no ouvido a aguda voz mordaz me provocando crônicas.

Joyce era esquizofrênico, dizem. Van Gogh era esquizofrênico. E Bispo do Rosário? Esquizofrênico. Quanto a Jordão, precioso editor de artistas, desconheço o tipo de voz que ele escutava, ou se escutava alguma. Sei que era, no entanto, uma peça rara. Que num mercado superpreocupado com o negócio da literatura, vai se tornando cada vez mais rara. Seu primeiro sucesso na área de autoajuda – *Muitas vidas, muitos mestres*, de Brian Weiss – revolucionou sua vida, e conhecendo Jordão como imagino que conheço, acredito entender essa guinada temática. De duas, duas:

– Ou aceitava a efetiva existência da coisa;

– Ou pretendia para o lucro auferido, como de fato fez, generosos atos de filantropia.

Nunca mais encontrei Geraldo Jordão. Acompanhei, pelos jornais, sua luta por um transplante de fígado que acabou lhe concedendo, com perdão do clichê, algum tempo extra: para os amigos e para a família, clichê nenhum, mas um ganho real. Segue, para eles, minha solidariedade de cronista.

65. Bloom e eu

:joyce no meu cotidiano:

"O confronto com a violência abalou esse homem pacífico", escreveu Burgess. Ufa. Depois da feroz batalha cívico-religiosa na taverna de Barney Kiernan, Bloom carece de um breve intervalo, recuperar-se do impacto para seguir em frente. Eu também: aproveito pra colocar a cabeça em ordem, registrar os pensamentos, dar nome e número aos meus bois – isto é, aos meus capítulos –, tudo em prol de um projeto de livro que no futuro, se Deus quiser, publicarei.

Stephen medita na praia: Proteu; Bloom descansa e medita na praia: Nausicaa; ambos em Sandymount. Do lado oposto do Atlântico, em busca de alguma outra praia onde encontre sentido, perambulo eu. O tesão, no entanto, é o mesmo: contido o deles dois; incontido o meu. Incontido e radical este meu.

66. NO EMBALO DA ONDA

:impressões:

Não estranhem se a partir deste ponto o ritmo da prosa se adensar aos poucos: um tímido esboço de crítica – uma ou outra palavra esparsa em duas ou três crônicas meio chatas, pinçadas, com um riso ocasional, do instigador contexto original – promete resultar em sintomático e caudaloso derrame de textos por episódio, como se a engolir (ou inundar de impressões) o leitor, transbordar do universo borbulhante, já no ponto de estourar, dos exaltados devotos de *Ulysses*. Não sei se é assim com todo mundo, mas comigo foi assim que aconteceu. Não havia a princípio intenção de livro e nem de estudo, só de desafio mesmo, uma aventura intelectual que me atraía e humilhava há tempos. Passatempo cerebral famoso a que poucos se entregam? Bobagem. Preconceito. Ler *Ulysses* é um prazer intenso, quase sexual: um fundir-se irrestrito da mente leitora à criação do autor.

Tudo bem que essa tal fusão, eu sei, desde os doces romances-mulherzinha da adolescência nos arrebata. Acontece com qualquer bom livro (e até com livro ruim) quando o escritor, manejando seus ganchos espertos, tece uma maestria de prender qualquer leitor incauto como, por exemplo, num Michael Crichton. Ou num ardiloso Dan Brown. Mas em *Ulysses* é diferente, porque tudo, em *Ulysses*, é diferente. Até mesmo os episódios, um diferente do outro: não fosse um delgado fio amarrando a frouxa trama, ou melhor, desenrolando-se redentor pelo criativo labirinto do autor, poderíamos percebê-los como dezoito livros diferentes, cada um mais louco, mais estranho, mais hilário, esperto, surpreendente e poético que o outro. Sim. Existe a intenção do novo. Existe a intenção do jogo. Existe a intenção da paródia delirante, do assassinato premeditado do estilo, mas duvido muito de qualquer intenção velada por trás do gênio de Joyce: tudo o que vejo é a genialidade em si se derramando, a intensa liberdade praticada ao reduzir o passado a pó, reconstruindo do zero a ideia de literatura. Ops. Eu disse pó? Porque se disse, talvez me referisse a um passado previamente triturado, pré-digerido e intencionalmente transformado em alimento para a imaginação, ou pelo menos é assim que imagino Joyce: se divertindo à beça enquanto monta, peça a peça, seu gigantesco *puzzle* literário inchado de referências – inchado, grávido, intumescido: não sei que qualidade de pleno associar ao texto... e é claro, hesito.

Embora tendo certos momentos de até me sentir Joyce, confesso reconhecê-los todos como puro delírio. É claro que não chego aos pés dele, nem quero. Só quero mesmo me achegar na mente, no lápis preso entre o polegar direito e o dedo médio dele (ou seria Joyce canhoto, como a esmagadora maioria dos artistas?), pressionado, às vezes, pela intervenção condutora do indicador: mania minha, não dele, de ficar observando o embate dos outros com o lápis na mão, como se medida fosse de minha estranheza neste mundo. E foi talvez por ser assim estranha (e destra) que, da simples pretensão sempre adiada de ler *Ulysses* – o grande e assustador romance do século 20 e de todos os outros séculos –, emergiu um desafio maior, mais petulante, mais pretensioso ainda: escrever sobre *Ulysses,* como se uma neoJoyce eu fosse. Não reparem não. Sou louca. E é por ser louca, ousada, e muito metida – sem deixar por isso de sentir-me incompreendida – que, apesar de me espelhar em Joyce no talento e na maestria ou, pelo menos, na vontade intensa disso tudo, há um aspecto dele com o qual me identifico, sem sombra de dúvida, e no qual todo autor se reconhece, no breu disforme que precede o reconhecimento público: somos todos coletores de injustiças.

67. JOYCE NO COTIDIANO XII

:joyce no cotidiano:joyce no meu cotidiano:

Bonita a iniciativa de trazer a público a força recíproca do amor entre pai e filho, como no *affair* Gracindos. Tudo bem. Eu entendo que é do cinema, e mais ainda, da tevê, esse hábito de se expor a tudo e em tudo – cite-se um BBB – coisa que em literatura costuma até pegar mal. Quem sai perdendo com isso é o leitor, verdadeiro e legítimo proprietário da memória de um autor – a de Nelson Rodrigues, por exemplo, destroçada em sua origem por litígios de espólio, um absurdo, num pega-pra-capar famigliar em torno da herança afetiva do gênio. Dois ramos antagônicos da progênie do Grande Nelson, homenageado da Flip em Paraty, chegaram ao cúmulo, imaginem, de exigir uma (in)discreta separação de mesas no jantar de abertura do festival: os do registro na sala e os off-registro na varanda.

De tal maladia não sofre, pelo menos, o espólio literário de Joyce, integralmente adquirido por seu superneto Stephen James. O problema é que S.J.J. o monopolizou tanto, e foi com tanta sede ao pote, que optou por negá-lo a todos os demais entre nós. Mais uma vez, segue sofrendo e amargando limites uma tribo que, apesar de tudo, só faz crescer: a dos adoradores de *Ulysses* de James Joyce. Cá do Brasil, dou a minha mineira mãozinha.

68. Pelos cotovelos

:joyce no meu cotidiano:

Sem o fogo do silêncio não há escrita. É preciso que haja silêncio, longo, misterioso, torturante, para que a palavra, quando enfim dita, quando finalmente escrita, tenha valor.
José Castello

É consenso geral abominar a correria em que vivemos nesses nossos dias, mas quem é que nos obriga? Eu, por exemplo, não me obrigo a nada. E desde que instalei na varanda mínima daqui de casa uma rede que o espaço inteiro abriga, me obrigo a menos ainda. Mesmo assim, enquanto embalo o corpo neste nada abrangente, a mente bem quieta se agita: dentro dela, não há um segundo calmante de silêncio. Agora mesmo: acumulou-se tanto nela o fluxo interno de palavras que interrompi a leitura e me sentei a dispará-las, precipitada, antes mesmo de alcançar no suplemento literário a entrevista de Vila-Matas que, certamente, provocará mais texto ainda. A coisa anda tão feia que chego ao acinte de escrever duas ou três crônicas ao mesmo tempo – em janelas separadas, do Word e da mente –, quando não dois livros. Próximo passo: hospício. Ou um ataque histérico de silêncio interno.

Por conta disso aprecio o bom texto sem concordar em nada com seu autor José Castello, que vê no longo e torturante silêncio que a precede o valor da palavra escrita (vindo pra mim do atordoante fluxo incessante de ideias que, tudo bem, registro – como diz o Castello, que Dostoievski o disse –, até para ver se me livro delas: tal ato não passa de efeito apressado de uma cultura consumista em que, como o mesmo Castello afirma, obsceno não é se exibir, mas se ocultar). E sendo assim é por ser moderna, ainda que pornográfica demais para o meu gosto, que mesmo sem me exibir, me mostro, nem que seja, com a buscada clareza, somente para mim mesma: é o editor quem decide se fui apressada ou não; banal; prolixa; irrefletida. A não ser, é claro, no caso do grande, genial James Joyce, pois seu *Ulysses*, todo mundo sabe, é o único livro da história da literatura que, em vez de ter páginas cortadas na edição, teve um bocado delas acrescentadas ao original, eita excesso de assunto, sô.

[intervalo para ler a entrevista de Vila-Matas...]

...que me obriga a acrescentar à minha já numerosa bibliografia obrigatória para ler *Ulysses* o *Paris não tem fim*, em boa tradução de Joca Reiners Terron. Se não corresse o sério risco do exagero, já iria aproveitando, nestas crônicas irônicas, o "estilo contraponto" que em *Paris...* conecta V.M. a Ernest Hemingway, sendo o segundo um guru fracassado, ex-favorito do primeiro enquanto escritor principiante. Pondero: será que um dia Joyce será pra mim um "ex-favorito"? Duvido. Já estou velha demais pra isso. Aprendi a escolher e, por falar nisso: entre os poucos que elegi consta Vila-Matas.

No mais, pra seguir escrevendo, vale o dito: "É importante crer em si mesmo", ou não se chega a lugar nenhum. Ficou faltando acrescentar que, como bem lembra o Castello em papo mental de bar, bom mesmo é "viver de acordo com nossa estúpida vontade", ah, nem sei de onde ele tirou isso. Do senso comum é que não foi.

69. *AN GRINNEAS DE MAITHEANAS*: A BELEZA DO PERDÃO

:ciclopes:joyce no cotidiano:

Bonita essa "Logo" – página mutante de *O Globo* – sobre a lista de coisas na história que carecem de perdão tardio. Achei imperdoável, no entanto, o esquecimento indevido do (evitado) tributo inglês arrependido aos ex-súditos de seu extenso Império onde, segundo James Joyce em *Ulysses*, "o sol nunca se levanta". É lendária a crueldade colonial desses bárbaros filhos-da-pátria, que, enquanto lhes foi permitido, cuidaram de não deixar pedra sobre pedra nas terras por eles conquistadas, tão numerosas e por tanto tempo.

De *Ulysses*, em "Os Ciclopes":

"Foram expulsos de casa e da pátria no ano tenebroso de 47. Seus casebres de barro e suas choças à beira da estrada foram postos abaixo por aríete e o Times esfregou suas mãos de contentamento e disse aos saxões engulidoresdesapo que dentro em breve os irlandeses seriam tão poucos na Irlanda quanto os pelesvermelhas na América."

Ou na prece blasfema dos *yahoos* [indivíduos brutos ou grosseiros, pessoas mal-educadas] infelizes, vejam que tragédia:

"Eles creem no açoite, o flagelador todo-poderoso, criador do inferno na Terra, e em Jacky Tar, o filho-da-mãe, que foi concebido por jactância ímpia, nascido da armada combatente, padecido de uma dúzia no rabo, foi cortado, esfolado e ressocado, berrou como um condenado danado, no terceiro dia reergueu-se do leito, dirigiu-se ao porto, onde ssya seentado adernado até segunda ordem, quando há de voltar a mourejar por um ganhapão e sua paga."

70. SEM MAIS COMENTÁRIOS

:coletor de injustiças:

Joyce, como se sabe, além de injustiçado, considerava-se perseguido, embora Sylvia Beach tenha acreditado que o fato de ele ter-se transformado em autor banido adiantou em várias centenas de anos a extraordinária reputação de *Ulysses*. Perseguido é pouco. De Duckworth, editor inglês, em carta de rejeição a James Joyce, por volta de 1915:

"O Retrato do artista quando jovem exige uma leitura atenta do começo ao fim. É discursivo demais, sem forma, irrestrito, e coisas feias, palavras feias, são proeminentes demais; parecem às vezes jogadas de propósito na cara do leitor, desnecessariamente. A não ser que o autor se decida a usar algum controle e senso de proporção, ele não fará leitores. Sua pena e seus pensamentos parecem ter às vezes fugido com ele."

O livro foi finalmente publicado na Inglaterra, em fevereiro de 1917. Reproduzindo fatos e personagens reais da vida de Joyce quando estudante em Dublin, antecipava o incrível romance que viria a romper todos os limites e transformar a literatura moderna.

***

De Ezra Pound – que, de início, recomendou a publicação de *Ulysses*, em capítulos, na revista inglesa *O Egoísta* –, quando J.J. chegou ao episódio "Os Ciclopes":

"Não é necessário um novo estilo por capítulo."

***

De Joyce *lui-même*, a respeito do exército de opositores de *Ulysses*:

"Agora, pelo que ouvi, está se preparando um grande movimento contra a publicação iniciado pelos puritanos, imperialistas ingleses, republicanos irlandeses, católicos – que confederação! Meu Deus, eu deveria receber o Nobel da Paz!"

Sobre *Finnegans Wake,* rejeitado por quase todos os seus defensores habituais:

"É tudo tão simples. Se alguém não entende uma passagem, tudo o que é preciso é lê-la em voz alta."

Ou:
"Imagino que terei por volta de onze leitores."

E perdendo a visão, mas não "A Visão", fique bem entendido:

"O que os olhos trazem não é nada. Tenho cem mundos para criar, estou perdendo apenas um deles."

71. Vergonha de quê?

:coletor de injustiças:joyce no meu cotidiano:

Jim, how beautiful you are!
Nora Barnacle Joyce a seu marido James, morto, pelo visor do esquife.

Todo mundo sabe que por trás de um grande homem existe sempre uma grande mulher, mas... e por trás de uma grande mulher... existe o quê? Um ego masculino amansado? Domesticado, sim, a pão-de-ló, café da manhã na cama, mesa posta na hora e roupa lavada no armário. Pequeno, talvez. Mas, certamente, raro. Nem sempre paciente.

É meia-noite num certo apartamento em Zurique: "Bem, Jim está escrevendo seu livro. Vou pra cama e este homem se senta no quarto ao lado e continua rindo do que ele mesmo escreve. Então, eu bato na porta e digo, olhe, Jim, pare de escrever ou pare de rir". (Pelo que me consta, poderia ser aqui, ao meio-dia, na sala apertada do Alto Leblon: a mesma fala de Nora na boca de Alan.)

Duro mesmo é ser Noga e Nora ao mesmo tempo, mas ao ler *Ulysses* me esqueço de tudo isso. Meu riso deliciado evoca o eterno riso deliciado do homem de outrora por trás do texto, num eco póstumo, perpétuo. No que se refere à escrita, se me comparo a J.J. encontro paridade em quase tudo: me entrego; me arrebento; escrevo *tão bem quanto* ele, mas se ele *nunca* tivesse escrito, eu mesma jamais escreveria; sou detestada, arrogante como ele, iludida quanto à própria importância como ele era, bem: digamos que nesta eu esteja sozinha agora, porque Joyce, todo mundo sabe, transcendeu, faz tempo, a própria miséria em que acreditou a vida inteira ter vivido; posto cartas e artigos (meio desesperada, às vezes, desesperançada) explicando o que escrevo; imponho ao leitor e aos críticos a jactância da minha literatura, e se recebo em troca não mais do que o ostracismo descrente, não me calo em tréplica, jamais me calo, esta é que é a verdade: só quando canso de mim, mas todo escritor é assim, não é mesmo? E se não é, das duas, uma: ou não se arrisca, ou não se reconhece escritor. É isso aí.

Em tudo o mais, sou bem diferente de Joyce. Não traio. Não bebo demais. Não sacrifico a família ao meu autocentrado delírio, bem, hum: isso é quem sabe por não ter família. Diferente de mim, J.J. teve patronos, ou melhor, patronas: três mulheres que, por trás da teimosia dele, preservaram para o futuro a impetuosidade do autor, tão (im)própria da boa literatura. Uma delas, dizem, custou a Joyce dez anos da vida dela e quase um milhão de dólares, ops, não seria o contrário? Quem doou o quê, e a quem? Bem. Hoje em dia, vocês sabem, doa a quem doer, ninguém doa nada a ninguém: ô miséria.

Aos meus herdeiros, não deixo um legado em dinheiro, nem propriedades, nem mesmo um mero gesto de boa-vontade com o mundo. Deixo apenas a minha jamais plenamente reconhecida genialidade: alguns livros publicados, outros inéditos, todos pouco lidos e menos ainda compreendidos, escritos esparsos acumulados, e está de bom tamanho, me acreditem.

E quanto a este texto? Acharam difícil de encarar? Acreditar que fosse possível tamanho descaramento, ter a si próprio em tão alta conta? Pois é. Aprendi faz pouquíssimo tempo: com Joyce. E a ninguém interessa se esta onda indomável de sou-mais-eu simplesmente reflete um interior em conflito, a negação teimosa de todo o afirmado: ó incurável, contagiosa mania de ser humilde! Combinado: vale o que está escrito. Vou ter vergonha de quê? De quem? Pra quê?

73. O BELO E A FERA

:nausicaa:

Em Ulysses: *Nada de novo sob o sol.*
Em Hierosgamos: *Nada de novo sob o sol, ain chadash.*

Agora imaginem que vocês se deparem com um texto desses que circula pela internet sobre um amor de garota – revistas de moda, lacinhos frufrus olhares lânguidos, sonhos românticos de casamento e um bom encorajamento para arriscar um flerte, porque é ano bissexto (estamos em 2008, mas, hum: poderia bem ser 1904), e basta numa sexta-feira vestir as calçolas do avesso –, assinado por... hum, digamos, Veríssimo ou Arnaldo Jabor, ambos pretensos campeões desse falso tipo de literatura por email. Mas não, gente: vem assinado por um tal James Joyce... Vocês acreditariam? *Aquele* James Joyce? O terror supremo dos mais sofisticados intelectuais? Bem. Talvez. Vocês talvez acabassem acreditando, se interceptassem, por trás da doçura aparente:

1. sinais evidentes de amargurado ressentimento
2. o mórbido tom de sexualidade exposta por trás das camadas superpostas de anáguas transparentes
3. a explícita ironia em lauto texto sobre o tema "banheiro", de um eufemismo inacreditável
4. o olhar erguido, trocado entre a mocinha e o (estrangeiro?) desconhecido, com a mão bem ativa no... lá mesmo onde vocês estão pensando, por dentro da calça pretaluto dele
5. e mais alguns toques de Midas na crueza mordaz que encerra a cena:
a. no passo hesitante daquela beleza de garota com seus castanhos cabelos luxuriantes...
b. no olhar tímido dela sob a imperceptivelmente manchada aba largazulada, o véu do chapéu comprado em baú de liquidação...
c. no perfume vulgar e enjoativo que emana do aceno dela...
d. ...a gente descobre que esta musa inspiradora de orgasmos solitários... é manca!

Ui. Arrasou. Já meu Alan, colocutor amoroso no *Hierosgamos*, foi mais delicado. Jamais revelou, a não ser bem mais tarde e somente ao vivo, que o vaso sagrado onde vinha depositando sua preciosa semente (quando me encontrou) pertencia a uma mulher... corcunda. Envolveu-se com ela, ele mesmo conta: pela beleza frontal, pelos belos cabelos dela. E custou algum tempo a descobrir (por trás do dorso oculto na sombra) o desnaturado volume, um relevo tão inesperado quanto inominável: "Para testar a própria integridade, a capacidade de transcender a miséria, a repulsa ao defeito", continuou com ela, pelo menos até descobrir que no caso de "Rosemary", PPP – *privacy-preserving pseudonym* –, (como também no de Gerty MacDowell), o verdadeiro aleijão se alojava na alma. Um caso perdido.

Pra dizer a verdade, foi com certo tédio nauseante que cruzei esse "Nausicaa", sob a luz (con)descendente do crepúsculo em Sandymount: pela primeira vez em *Ulysses,* o tom de paródia não me divertiu. Dá pra entender: tenho horror ao cricri e às superstições babacas de mocinha; quanto ao profundamente plantado sonho dourado de depender de marido, faço questão de rejeitar. Mas Joyce não deixa barato, ou não seria Joyce. E logo contrapõe ao quase-tatibitate de jovem fêmea a visão madura e desfirulada – direta ao ponto de soar chocante – de um Bloom lascivo, bastante realista. E então, amigas? Deu pra sentir daí o cheiro rascante de homem? A linguagem sem rodeios de um falo ereto? Direto pra dentro e pro fundo do nosso poço mais profundo?

"Que será que ela sente naquela parte?" Taí. Foi o que descobri, exposto no encontro da praia ("Querida, eu vi o seu. Eu vi tudo."), ou melhor dizendo, no desencontro: um contraste marcante entre os dois sexos, natural e inevitável como o magnetismo terrestre, e que – como o aço atrai o ímã – leva um homem a buscar sua mulher e uma mulher, seu homem. E o que cada um espera desse encontro? Que ilusões profundas de esperança o cerca? Diferimos nas inseguranças, verdade, mas nos espelhamos na similaridade delas: certa como a morte e os impostos.

> Dele, Bloom, em *Ulysses*: "Não deixei ela me ver de perfil. Ainda assim, nunca se sabe. Moças bonitas e homens feios se casam. A bela e a fera."
> Dela, Noga, no *Hieros*: "Inteiro ainda não... eu sei, só te provocando, ansiedade pura... desejo de te ter nas mãos. Mesmo se você fosse a fera em pessoa, esta bela aqui ainda apostaria em ti."

E assim é. A fêmea se abre, se entrega; o macho ataca: ambos desconfiam. Em *Ulysses*, pelo menos por enquanto – ou em seu mais forte encanto –, é a versão do macho que (im)pressiona mais, e não é à toa: foi escrita por um. Já em *Hierosgamos*, embora o texto definitivo contenha, por artes da autora, alguma doçura feminina, a visão de fêmea foi escrita por ela e a visão de macho foi escrita por ele, ambas intrigantes, espantosas, reveladoras, confissões ousadas – de Molly e de Bloom, reconheço, mesmo antes que eu os descobrisse – brotadas do explícito sonho de "Nausicaa" e transplantadas, logo em seguida, para a alma do mundo, ih: balancei o turíbulo.

Sai dessa que a hora é essa, basta por ora de... hum, nove-horas: bateu o cuco.

73. Evoé!

:gado do sol:nausicaa:tradutores:

Anormal? Incrível? Ficção? É fato inédito na história da literatura, mas juro que aconteceu: a tradução superou o original. E no mais inesperado de todos os lugares, é. Confira, participe, dê sua opinião.

Traduzir James Joyce, como todo mundo já sabe – e se ainda não sabe, faço questão de mostrar –, é tarefa impossível, que excede as intenções do bom texto até mesmo para os mais preparados intelectuais. Mestre Antônio Houaiss, por exemplo, tinha um vocabulário tão extenso, mas tão extenso, que virou referência em dicionário, e foi este, aliás, o mal que o afetou em *Ulysses*: filolocídio agudo.

Não foi em "Nausicaa" – onde Joyce explora, com rara obviedade, o seu momento-mulherzinha – que o milagre aconteceu: náusea; eca; argh. A coisa ali vai tão longe que chega a ser engraçada, uai, gente, mas não era o que ele pretendia? Acendendo uma vela pra Deus – ops, para a mais doce Virgem "que se cumpra em mim segundo o Teu Verbo" Maria –, e outra pro demônio? E tudo isso, pasmem: à beira-mar, no áspero sexonareia ao som longínquo de um órgão de igreja, sob o odor inebriante do incenso sagrado, *ora pro nobis* que o sujeito é um atentado.

Sem mais delongas: a cena em questão abre "O Gado do Sol" e descreve a chegada triunfante de um mui esperado varão a este mundão de Deus, ritualmente repetida em tom de lauta loa:

"Opá, émeninoé, Opá!"
[no original: *"Hoopsa, boyaboy, hoopsa!"*]

Pensando bem, levando-se em conta a festiva evocação do ato memorável de nascer, fica até bem fácil entender a versão irrepreensivelmente poética, inspiradíssima, maravilhosa, de José Antônio Arantes, para todos os efeitos aqui denominado J.A.A., bem típica de um brasileiro nato: esse Zé Alguém sabe mesmo das coisas. Pena que, no caso, suas artes tradutórias tenham se limitado a pequenos trechos de *Ulysses* mencionados em *Homem Comum Enfim*, de Anthony Burgess.

Agora. Esse jeito de Joyce desmontar palavras só para remontá-las mais adiante é que faz (e desfaz) o mistério atordoante da coisa, vejam só, na ordem natural da frase: *"Hoops, a boy, a boy, hoops!"* Seguindo a premissa, deveria ficar então: Obaum, eninomenin, obaum! Pô. Que droga. Nem um pouco a fim de esclarecer, deste jeito grosseiro, os bastidores da notícia. Ô vício.

74. Como gostais

:bloga noga:impressões:

Não sei se vocês estão lembrados, mas em determinado momento da emocionante campanha eleitoral americana de 2008, a cada vez mais desesperada Hillary Clinton acusou Barack Obama de plágio em seus discursos. Uma das frases copiadas: "Todos os homens nascem iguais". Outra: "Eu tenho um sonho." (Estranho, pensei que esta última fosse de Martin Luther King, morto há mais de quarenta anos e não mais um homem, mas um monumento que, quando a gente usa, não plagia nem sampleia: simplesmente cita. Ah, sim: a primeira, de Thomas Jefferson, é mais velha ainda: está na Declaração de Independência dos Estados Unidos.) Mas se a gente vai mais fundo, a gente descobre (repeti, de propósito, sim) que a acusação de plágio se refere na verdade a um governador americano – ou afro-americano, tudo bem, Barack Hussein –, que refutou, em discurso recente, a percepção comum de tais tão célebres ditos: apenas palavras, não mais que palavras ao vento. Uai. Complicou. Em seu já famigerado e incansável afã retórico, será que o "vazio Obama Bin" copiou o que já era copiado? Citando a citação da citação, excitação no ar: será este B.O. uma fraude? Ou Deus nos livre, um outro Bin Laden?

Ah, não. Essa não. A vida pública é mesmo feita de absurdos, de mentiras da mídia que poucos conseguem desvendar, mas, francamente: há limites. Em política tudo se critica, tudo pelo poder, pela resistência à menor mudança, mas não adianta: a mudança é a única constante, vai tudo pelos livros de história adentro e tchau. Ou por outro lado: para o ostracismo da história, e isso, se esse sonho de Obama não acabar logo ali, numa poça de sangue em cozinha de hotel. Toc, toc, toc.

***

Ah, sim. Só pra não ser acusada de (nunca) mudar de assunto: Joyce, todo mundo sabe, faz tempo que não é mais um autor, virou monumento da literatura. E ao citá-lo não se abusa em nada da já consagrada cultura mixada do nosso mundo moderno: valem todos os escritos, mas só se salva o talento. Além do mais, ninguém o lê, e desse meu chapéu que mal fica em pé, vamos combinar: não há de sair coelho nenhum, ou pelo menos (não se preocupem), nenhum dinheiro. Fica tudo por isso mesmo, ou pela citação da citação da citação da citação, e assim por diante, até a máxima exaustão. Deus me livre de uma dessas palavrinhas à toa aparecer, qualquer dia desses, transformada em profecia.

***

Ai, gente. Conversa complexa essa, né? Cansei, sério: melhor mudar de assunto, que tal falar de sexo? Hein?

75. Falando de sexo com James Joyce

:joyce no cotidiano:nausicaa:

e essa história de orgasmo simultâneo, hein?... não conheço ninguém que
tenha conseguido um.
do *Hierosgasmos,* ops*, Hierosgamos*

E por falar em sexo, assunto chato mil vezes repetido. Uai, gente. E existe outro? E se existisse, seria por acaso mais instigante? Pois é. Vamos falar de sexo, coisa que todo mundo conhece e experimenta um dia, mas da qual pouca gente fala, sem para isso recorrer a eufemismos ridículos. Obscuros. Obscurecedores: "Algo não muito educado que se pode às vezes imaginar na cama; a outra coisa antes do casamento". O amor se ri "dos ferrolhos", das "partes", dos orifícios. Do prepúcio grudado de Bloom: um risinho nervoso e sem graça. E o que dizer do Ponto G? Vocês acham que existe mesmo? Pesquisadores localizaram uma "área intravaginal de tecido mais espesso nas mulheres que relatam orgasmos intensos, sem a participação do clitóris", mas ninguém descobriu ainda se o espessamento vem do orgasmo, ou se é o orgasmo que vem do espessamento. Ui. Imagine um papo brabo desses num jornal de 1920, aliás, nem hoje: vindo do clitóris, da vagina, da cona latejante, só mesmo se for travestido de informação científica. Apenas nove entre vinte mulheres declararam seus orgasmos vaginais: a coisa é rara, e Joyce já sabia disso. Sabia e escreveu sobre isso, "lots of them can't kick the beam" ["bater" (de *kick*, chutar, atingir, mas que é também estar vivo, satisfeito, cheio de energia) "na trave" (de *beam*, viga de telhado – ou espécie de travessão de balanças primitivas, que é atingido por um dos pratos quando o outro tem carga zero, significando: sentir-se leve, sem peso –, que é também: raio de luz, sorriso largo, amplitude máxima); em outras palavras, em português ficaria melhor: "chutar a gol"]. Ou mais simplesmente, segundo Houaiss: "Uma penca delas não consegue atingir o ponto. Ficam com a coisa nelas por horas."

Ah, tá bom: voa alto, pombinha. Solta a rolinha. Não foi à toa que esse tal James Joyce – um pornógrafo aviltante – acabou proibido. E proibido deveria continuar, fala sério.

76. BATE-BOLA
(DA QUASE-SÉRIE: JOYCE EM PICS, OU, CONVERSAS COM O LUIZ)

:joyce no meu cotidiano:nausicaa:telêmaco:

L.G.A.: Com referência ao "fornido" ou "gorducho" Buck Mulligan, quem tem razão? "Oliver St. John Gogarty (1878-1957) nasceu em Dublin e foi educado no TCD [Trinity College, Dublin], onde, em 1907, se graduou em medicina. Astuto esportista, socialite, poeta e novelista, Gogarty granjeou a admiração e a animosidade de muitos de seus contemporâneos incluindo James Joyce, que em seu romance *Ulysses* baseou nele o personagem Buck Mulligan. Em 1916, Gogarty publicou *Hyperthuleana*, primeira de suas muitas coletâneas de poesia."

N.L.S.: Sim, eu sei, essa é dura de resolver: já busquei no Google imagens do distinto e elegante sujeito (na foto anexada parece alinhado), retratado no filme *Bloom* como um bobo alegre e gordo, viado demais para o meu gosto. Agora, a respeito de sua nota no episódio 13: "Bloom lembra-se do nome de uma heroína da época, Grace Darling, que salvou a equipe de um navio (o Forfar) afundado por recifes. [Esta sequência de pensamentos tem início quando Bloom vê as luzes do navio Bailey]" –, veja a foto, Bernardina tem razão: Bailey é mesmo um farol em Howth. Ou não? Mas, não fique triste: no final do episódio há, sim, um navio piscando no horizonte, o "Bailey", quem sabe. Esse nosso Joyce de cada dia é tão amplo que, mais cedo ou mais tarde, abarca tudo, todas as versões e quase todas as interpretações, só não chegou aí na sua... porque ainda não terminou, rsrs.

L.G.A.: Noga, *mea culpa*. Realmente, se antes (próximo à nota 58 do meu ensaio – pág. 405, Houaiss), estava no texto a referência à torre, foi engano meu colocar "navio". Abraços.

N.L.S.: CQD.

***

Post scriptum elucidatorum, muitos dias e emails depois:

L.G.A.: (do blog de alguém) "Embora descrito como "plump", seu retrato quando jovem não mostra que ele – Oliver St. John Gogarty, o Buck original – fosse gordo de fato, mas num encontro ocasional, em 1909, Joyce notou que Gogarty tinha ficado gordo. Joyce talvez precisasse de um homem pesado, para combinar com sua ideia de vilania."

77. GLOSSÁRIO III: "PLUMP"

:glossário:joyce no cotidiano:nausicaa:penélope:telêmaco:
tradutores:ítaca:

*S*tately, plump, Buck Mulligan came from the stairhead...
...ou: Sobranceiro, fornido, Buck Mulligan vinha do alto da escada...
...ou: Majestoso, o gorducho Buck Mulligan apareceu no topo da escada...

...ops, peraí: gorducho também já é demais, e vamos combinar: um dos começos inesquecíveis da história da literatura é certamente este, em *Ulysses*, e nesse nicho particular de traduções, Mestre Houaiss se impôs, se mais não fosse, pela manutenção da letra inicial na frase de abertura. Estudem um pouquinho de Joyce e vocês descobrirão um indiscutível – mas bastante discutido – sentido oculto nas iniciais não só capitulares como cavalares desta edição da Vintage que estou lendo: ESSE (para Stephen) na parte um, EME (para Molly) na parte dois, PÊ (para Poldy, de Leopold) na parte três. Houaiss mantém o ESSE e o PÊ, mas deixa o EME de lado. Bernardina não mantém nenhuma das três e, ainda por cima, confunde o leitor com capitulares gigantes a cada um dos dezoito episódios, cuja divisão no texto original, a bem da verdade, é quase imperceptível.

S-M-P se refere também a sujeito, meio e predicado (*subject, middle, predicate*) no silogismo tradicional de Aristóteles e, sob esse ponto de vista, a última frase do livro, com três mil setecentos e cinquenta palavras sem nenhuma vírgula, não passa de um gigantesco CQD. Uau. Pirei. Que conversa, pra quem começou com um Mulligan gordo e gay. Mas, de volta a "plump" – uma discussão acadêmica, capital como poucas, que venho mantendo com L.G.A. há pelo menos três dias: ou é vício, ou é muita falta do que fazer.

A gente não se conforma com essa conotação de "gordo", grudada em Malachi "Buck" Mulligan (vai ver é vingança do nosso James, pensa bem, caro Luiz: pura picuinha de escritor): "N.: Alguns leitores do meu ensaio levantaram a questão da possível impropriedade da tradução "diretamente" para o termo "plump". A dúvida acerca da interpretação imagética tradicional de Buck Mulligan (como um indivíduo gordo) surgiu quando fiz um estudo dos personagens de Joyce (ficcionais e reais) e deparei-me com a foto de Gogarty, cujo biótipo se mostrava característico de uma pessoa magra (tal imagem, além de ser encontrada em várias traduções do texto de Joyce, foi até mesmo levada à tela, como você bem sabe). Rejeitei, por essa razão, a tradução comum, preferindo o *"directly; suddenly; perpendicularly.* Abs/L.G.A."

O caso é que o termo "plump" aparece em *Ulysses* nada menos do que trinta vezes (30, hum: o que há por trás deste número mágico? Você sabia que em numerologia o "3" representa a comunicação? Quanto ao "0"... hum: não sei. Há no zero qualquer coisa de universal que acaba explicando tudo), e em todas elas – quatro se referem a ele, Malachi, vulgo "Buck" [o Grande Veado; ou, no norte da Alemanha e na Dinamarca, apelido para homem gordo, de "buk", barriga; ou derivado de "Puck": teimoso, malévolo, desafiante], definitivamente "stately plump" – com a conotação de "cheio", "maduro", "vigoroso", "gordo", "carnudo", "bochechudo", enfim: "fornido", ponto para o Mestre Houaiss que ele foi perfeito. Joyce – que usou em *Ulysses* o adjetivo "plump" para: moças/humanos em geral [*human plumpness*]/luvas de pelica/braço na janela/tomates/patas pesadas/mãos/touro/pomba/gordo, pesado e arisco como uma serpente/seios fartos/nádegas – não faria melhor, mas superou-se nesta passagem, vejam que maravilha:

> "He kissed the plump mellow yellow smellow melons of her rump, on each plump melonous hemisphere, in their mellow yellow furrow, with obscure prolonged provocative melonsmellonous osculation."

> "Ele beijou os carnudos melões melosos amarelos melolorosos da bunda dela, em cada fornido melôneo hemisfério, no seu meloso oloroso rego, com obscura prolongada provocante melanolorosa osculação."

Um legítimo banquete **vapot** (de: **v**isão, **a**udição, **p**aladar, **o**lfato, **t**ato) para os cinco sentidos, termo neologista que Joyce não inventou – mas bem que poderia ter inventado, vejam só, está em *Ulysses*: "Roygbiv Vance taught us: red, orange, yellow, green, blue, indigo, violet..." [Vlavaav Vance nos ensinou: vermelho, laranja, amarelo, verde, azul, anil, violeta...], e pesquisando a gente descobre que não é só em *Ulysses,* não: é assim que as crianças de língua inglesa aprendem na escola as cores do arco-íris – e mais não digo. Nem conto. Nem cheiro.

Agora, vem cá: que negócio é esse de "Mellow Yellow" que já escutei, mas não lembro onde? Salve o Google nosso de cada dia onde descubro que é droga, é sexo, é roquenrol e tudo o mais a que se tem direito: *They call it mellow yellow*, lembrou agora? É de Donovan, famoso roqueiro escocês dos anos 1960, e é também do irlandês James Joyce, imaginem: onde a gente menos espera, outro inusitado cordão astral.

78. LITERATURA LÍQUIDA

:bloga noga:coletor de injustiças:

Amar um escritor é amar que ele escreva. Não importa o quê,
importa que não pare.
Dorine Gorz

Viver anda muito complicado. Verdade. Deve ser por isso que busco refúgio na literatura, onde mesmo o real, o francamente biográfico, resulta em obra de ficção pessoal, ou não seríamos mais do que a invenção cotidiana de nós mesmos, o amor que a gente sente incluído: recriados a cada dia que amanhece. Como este meu casamento com Alan que, por meramente respirar, me inspira, mas... vocês acham mesmo... que ele ama o que eu escrevo? Vamos combinar: ele nem lê português e eu, honestamente, não tenho saco pra me explicar. Rola assim nosso diário repertório de absurdos: eu amo o que não tenho e ele o que não entende. Tem dado certo. A não ser, é claro, nas múltiplas miudezas do dia-a-dia, quando ele, desesperado, afirma que sou imbecil e não por não entendê-lo, mas porque ele mesmo não me entende, ah, bom, então, o imbecil...? Ah. Deixa pra lá. Ninguém é imbecil aqui em casa, apenas vítima ocasional das armadilhas sem razão que a falta de lógica conjugal nos arma.

Uma discussão frequente, ultimamente, é que sou bronca demais pra entender James Joyce, que dirá escrever sobre ele, é claro. Mas venço, às vezes, com o argumento de que é justamente da minha burrice – ou pelo menos do meu comprovado desconhecimento erudito – que tiro partido quando apelo para este tipo chinfrim de raciocínio, digno de gente comum, zé-povinho ignorante. Com uma única diferença: quero saber tudo e pesquiso sobre tudo e a tudo me atiro com uma febre incontrolável de conclusões indevidas. O resultado sai quem sabe engraçado, e é isso mesmo que eu quero: cair na graça da literatura fazendo troça do drama diário, com a infalível certeza de nossa morte, amém. (Posso não saber de nada, mas de palavrório vazio, ritmado e aliterado, até que eu entendo, não? E não foi com Joyce que aprendi, gente, não: já nasci sabendo, mas faltava praticar e praticar, diariamente, pratico.)

Fica provado que nada entendo de nada, menos ainda das complexidades da vida, e muito menos ainda, de literatura. E daí? André Gorz, o filósofo e escritor tão amado por sua esposa Dorine – autora da epígrafe acima –, morreu com ela, quer dizer, matou-se com ela: isto é que é história triste, sem triunfo terminal nenhum. Conclusão triunfal para mim é morrer em paz, dormindo, sonhando um encontro com Deus. Compartilho com Gorz, no entanto, a lição final que ele tirou da vida: "É preciso aceitar ser finito: estar aqui e em nenhum outro lugar, fazer isto e não outra coisa, ter apenas esta vida." Acredito mesmo nisso. E é por isso que escrevo, é por isso que todo dia me arrisco, *no matter what. Or whom.*

79. A Lei de Três

:gado do sol:glossário:joyce no meu cotidiano:

Three quarks for Muster Mark!
Três quarks pro Mester Mark!

Sure he has not got much of a bark
Se bem que ele nem é de ladrar

And sure any he has it's all beside the mark.
E se bem ladra deixa muito a desejar.

James Joyce *in Finnegans Wake*

"Em 1963, quando dei o nome 'quark' às partículas fundamentais do núcleo, eu tinha primeiro o som, sem a grafia, que poderia ter sido 'kwork'. Porém, em uma de minhas folheadas ocasionais pelo *Finnegans Wake*, de James Joyce, me deparei com a palavra 'quark' na frase 'Três quarks pro Mester Mark'. Como 'quark' (significando, para começar, o grito da gaivota) tinha a clara intenção de rimar com 'Mark', e também com 'bark' e outras palavras do gênero, procurei uma desculpa para a pronúncia 'kwork'. Mas o livro representa o sonho de um taberneiro chamado Humphrey Chimpden Earwicker. As palavras no texto são tipicamente tiradas de várias fontes ao mesmo tempo, palavras-valise. Aparecem frases no livro determinadas por pedidos de bebida num bar, por isso pensei que talvez uma das múltiplas fontes do chamado pudesse ser 'Three quarts for Mister Mark' e, nesse caso, a pronúncia 'kwork' não seria totalmente injustificada. De toda maneira, o número três se encaixa perfeitamente com a forma como os quarks aparecem na natureza", conta Murray Gell-Mann, que batizou a partícula (na época de sua descoberta, eram três os quarks conhecidos, e quarks aparecem em grupos de três nos bárions): só mais um exemplo dos tentáculos linguísticos de Joyce se estendendo pela vida afora, e esse nem vem de *Ulysses*. Mas tem tudo a ver, isso tem, com o costume ritual de dar três vivas, como no início de "O Gado do Sol":

> "Derecto Holles Eamus. Derecto Holles Eamus. Derecto Holles Eamus.
> Envia-nos, ó brilhante, ó iluminado, Hornhorn, ressurreição e uterofruto.
> Envia-nos, ó brilhante, ó iluminado, Hornhorn, ressurreição e uterofruto.
> Envia-nos, ó brilhante, ó iluminado, Hornhorn, ressurreição e uterofruto."

...e isso, vem de onde? Saber com certeza eu não sei, mas desconfio: vem da mágica Lei de Três: "Se uma intenção firme é essencial para o bom resultado dos encantamentos, a responsabilidade pessoal de fazer o bem é condição prioritária. Se fizeres o bem, três vezes te será retribuído. Se fizeres o mal, multiplicado por três o receberás", eu arriscava há dez anos, morrendo de vergonha, em *Eu, xamã*. "De acordo com a tradição mágica celta, três é o número da magia e, sua lei, um mandamento cármico de redistribuição. Ao praticar magia", eu aconselhava, "enfatize tuas intenções repetindo esta invocação três vezes, em voz alta e clara: a minha palavra é lei, a minha palavra é lei, a minha palavra é lei".

Bem. Se a minha é lei, eu não sei, mas a palavra de Joyce, na minha vida, cada vez mais é. Afinal de contas, foi só depois de velha, e com a mãozinha camarada dele, que aprendi a não mais me esconder de mim, nem do meu vício atordoante de encontrar rima em tudo. E continuo aprendendo: ô coisa boa, sô.

80. Gestação

:gado do sol:

Ser irônico é colocar lado a lado verdades contraditórias, e desta contradição criar uma verdade nova acompanhada de um riso ou de um sorriso. E confesso que a verdade deve ser acompanhada de um ou de outro, se não a considero falsa e uma negação da própria natureza humana.

Jane Austen

É puro nervoso essa coisarada que se segue. Não sei se é pela questão da fertilidade – coisa que na vida real jamais experimentei – ou, só pra variar, pela dificuldade anunciada de *Ulysses*: o caso é que novamente empaquei, mais uma vez amarelei, mas não sem antes decifrar a enigmática frase "Deshil Holles Eamus". Dentre todas as passagens complexas de *Ulysses*, esta abertura de "O Gado do Sol" é famosa por derrubar grande parte dos pretensos leitores de Joyce, mas eu, não levei cinco minutos para decifrá-la (com a ajuda de notas, ensaios, depoimentos, e do Grande Google, é claro, doravante denominado simplesmente G.G.): "Deshil" é gaélico para algo assim como "dobre à direita" (daí o meu arcaico "derecto"); "Holles" é nada mais que o endereço do hospital-maternidade onde se desenrola o episódio; e "Eamus" – pronuncia-se eámus – é "vambora" em latim litúrgico, aliás, tudo aqui rescende a liturgia irônica. Eámus, galera.

Neste "O Gado", Joyce foi muito criticado (audácia dos críticos!) por dar mais atenção à estrutura do que ao enredo. Entendo muito bem a opção estética: literatura, para mim, é mais o domínio da língua do que o do drama e, muito mais do que uma trama bem urdida, a arte literária se faz pelo ritmo, pela musicalidade das frases, pela forma original e única com que o autor conta sua história, e nisto, quem melhor do que Joyce? Um mestre. Um deus. E, no entanto, sim: o temo. Mais ainda neste episódio inusitado que conta a gestação do idioma inglês, parodiando vários estilos e passando por nove fases progressivas, aimeudeus: onde a necessária erudição pra perceber tudo isso? Longe. Longe de mim.

Burgess escreve: "Este é o mais conscientemente virtuosístico de todos os episódios de *Ulysses* e, para alguns leitores, Joyce parecerá ter ido longe demais." E mais adiante: "É um capítulo de autor, uma deslumbrante e autorizada exibição do que a língua inglesa é capaz, e de todos, o que eu mais gostaria de ter escrito." Peço socorro a Mr. Alan, nativo do idioma e mestre em inglês aqui da casa, que – no *Hierosgamos*, sem recorrer à influência de Joyce – escreveu o trecho que se segue (a respeito de uma discussão nossa sobre "cunt" e "cock" ["cona" e "pinto"], e que, sem que a gente planejasse, gerou um miniensaio histórico-literário):

> "a história da língua inglesa é bem interessante... certamente encontramos cunt e cock nos Contos de Canterbury, Chaucer nos fala com um sabor de francês, de anglo-saxão, de jutlandês... a filosofia dos sentidos transcende a mente... do século 17 ao 20, tivemos um período marcado pelo amor à ciência, ao conhecimento... por cidades, mecânica, automóveis, indústrias... a alma do homem escravizada pela mente do homem. o paradigma idílico, em reação ao fim dessa era, é uma busca que já nasceu morta. sim... são apenas palavras, o sentido é atribuído por quem as ouve."

Hum. E Jane Austen com tudo isso? Bem. Numa cinebiografia que assisti em DVD me impressionou a ousadia, o pioneirismo, a inteligente sutileza dela, uma mulher à frente do seu tempo: escreveu seis romances e inaugurou com eles um novo patamar de realismo na literatura. Pronto. Entenderam? É de desbravadores que estou falando, de grandes entendedores da condição humana... e de ironia inovadora, claro. No processo de gestação da moderna literatura inglesa, a obra de Austen tem certamente o seu lugar cativo, mas não entre os estilos parodiados por Joyce em "O Gado do Sol", aliás, vem cá: será que a lista de honra dele chegou a incluir alguma escritora?

Resta agora, como diz Burgess, "mergulhar nas verdadeiras dificuldades". Vambora, gente.

81. A ARTE INGRATA DA MEDICINA

:gado do sol:

Ser médico é, primeiro, entender o ser humano.
Ivo Pitanguy, cirurgião plástico, 82 anos de vida e 62 de prática médica
(incluindo os sem-praia de Minas, claro)

De *Ulysses*, em "O Gado do Sol":

"Inseminação artificial por meio de seringas, involução do útero como consequência da menopausa, o problema da perpetração das espécies no caso de fêmeas impregnadas por estupro delinquente, a perturbadora técnica de parto intitulada Sturzgeburt pelos brandenburgueses, os eventos registrados de nascituros monstruosos multisseminais bigeminados concebidos durante o período catamênico ou de pais consanguíneos – numa palavra todos os casos de natividade humana que Aristóteles classificou em sua obra-prima com ilustrações cromolitográficas."

Eu entendo a tensão permanente no exercício crucial de uma profissão como esta – que oscila entre o avanço tecnológico e o desconhecimento do que realmente move a máquina humana –, desafiada todos os dias por novas descobertas e a consequente derrubada de certezas arraigadas. Isso, pra não tocar no assunto da constante convivência com a morte, mórbida seriedade que cerca qualquer engano ou falso julgamento: uma responsabilidade que, para mim... nem morta.

Quando o escritor erra uma vírgula, ou concordância, ou entedia seu leitor com a restrição, intencional ou não, de riqueza vocabular, ofende a quem o lê por superficial sensatez estética, nada grave, não é mesmo? Mas enganos no prognóstico médico, queridos, podem resultar em morte, ou na invalidez permanente do paciente, baita aflição, hein? É por isso que compreender, eu compreendo, mas não aceito, a corriqueira ausência de compaixão e solidariedade no contato direto com o outro que, por sua condição temporária de fragilidade, carece ainda mais de... compaixão e solidariedade: mais amor e menos diagnóstico, seu doutor.

Com sua descrição muito viva dos aspirantes à nobre arte da medicina – em plena arruaça boêmia na sala asséptica do hospital fazendo pouco de tudo, encharcados de birita e de sua própria importância –, Joyce me lembra em tudo a minha tia inerte, aprisionada na zona muito contemporânea de um avançado CTI, uma visão chocante do ser humano em série conectado a máquinas, desprovido de sua mais básica dignidade e, ainda por cima, rodeado do zunzunzum incessante de enfermeiras e médicos residentes – telefones tocando e risos estridentes – numa falta total de decoro e respeito: se não pelos pacientes dopados, desligados do mundo e bem aquém de qualquer possível exibição saudável de (im)paciência, pelo menos por abalados parentes em breve visita ao estabelecimento. E pra quem pensa que estou falando de hospital público, já vou logo avisando: trata-se aqui de clínica particular e muito bem conceituada, sabe Deus a quanto montou a monumentosa conta, nem tive coragem de perguntar. O que, em sequência lógica, remete à perversa indústria dos planos de saúde, ops, de doença.

E o que dizer da crueldade prática dos enfermeiros? Dos atendentes? Da coisificação do doente? Taí. Impressiona o estado da arte na medicina: quanto mais avança em técnica, mais regride em qualidade humana.

Mudando de assunto, e pra poupar vocês, prometo nem abordar os abusos éticos e os absurdos vigentes na indústria crescente da fertilização artificial – ops, desculpem: "reprodução humana" –, antecipados, como se pode conferir, no supracitado trecho de *Ulysses*. De uma geração para outra, a nomenclatura até muda. Mas a pretensão de substituir Deus, ou qualquer outro nome que se queira dar ao maravilhoso (e muito mal compreendido) mistério da preciosa vida humana... não muda nunca, me entendam bem: não sou contra a pesquisa médica, imaginem. Apenas lamento a falta correspondente de uma evolução ético-humanista, e como melhorar isto? Postulantes à medicina: leiam *Ulysses*.

Quanto ao meu mui rebuscado estilo neste (e em outros) texto(s) – de indignar editor defunto e há muito sepultado –, ora bolas, façam-me um grande favor: vão reclamar lá em cima com Mestre Joyce, tá bom?

82. SABEDORIA DE ROBÔ

:gado do sol:notas:

Tá certo que a realidade deste "O Gado do Sol" é tão delirante, mas tão delirante, que acaba soando como fantasia de acadêmico alucinando. Mas, gente: pode ser pior. Estranharam a ideia globalmente aceita de um capítulo grávido, com nove meses de gestação? Pois, aguentem: de acordo com o ensaio nada abalizado de Jorn Barger – um barbudo maluco de Ohio da geração de 1950 –, cada um dos quarenta parágrafos do bendito texto equivale a uma semana de gravidez. Esse Santo Jorn, acreditem, é o inventor do termo "weblog" que, todo mundo sabe, resultou no mais contemporâneo "blog" (e o nome do blog dele não poderia ser melhor: Robot Wisdom, uau, matou a pau): imaginem a nossa vida sem ele. Mui modernamente, seus textos são quase inteiramente autopublicados – ponto pra J.B. –, mais um claro sintoma de SSM [Sua Santidade Milagrosa], canonize logo, Papa Bento, que Jorn bem merece.

Para entender a obra de Joyce, Barger estudou os muitos cadernos de notas e manuscritos do autor de *Ulysses* e *Finnegans Wake*, que descreveu como um mestre em psicologia descritiva e pioneiro da Inteligência Artificial – mais uma inovação de J.J., o cara realmente excede, não? Tudo ou nada bem que, além de parecer doido, Jorn Barger tem mesmo algo de doido, o que deixa bem claro com suas diatribes antissemitas, ah, tá bom: ninguém é perfeito. E Barger, pelo visto, leu muito Joyce, mas entender mesmo que é bom, não entendeu nadinha, de volta ao delírio lá de cima: li no Robot Wisdom que a coisa toda (quero dizer, a interpretação de Barger e outros) se baseia numa carta enviada por Joyce ao pintor Frank Budgen, em março de 1920, compartilhando opções estéticas para *Ulysses*. Confira trechos, com tradução própria (faço questão):

> "Trabalhando duro no 'Gado do Sol', a ideia é escrever sobre o crime cometido contra a fecundidade pela esterilização do ato de copular. Cena: internado no hospital. Técnica: um episódio de nove partes sem divisões, introduzido por um prelúdio Salustio-Taciteano (o óvulo não-fertilizado), depois no estilo aliterado e monossilábico do inglês arcaico e do anglo-saxão ('Nem bem nascido bebê babava. Vivo no ventre venerado à vera'. E: 'Bloom bobo bolado ouviu: chapéu na mão chocalhou chapado') depois ao estilo de Mandeville ('vem de lá um acadêmico de medicina que alcunham de Soco Costello') depois a Morte d'Arthur de Malory ('mas aquele rendeiro Lenehan sempre dedicado a derramar-lhes a birra para que ao menos júbilo não lhes faltasse') depois ao estilo elisabetano de crônicas ('por aquele então o moço Stephen encheu todas as taças'), depois solene como Milton, Taylor, Hooker, seguido por um agitado trecho em latim-intriga, tipo Burton-Browne", e por aí vai, pra concluir mais delirantemente ainda ao afirmar que "Bloom é o espermatozoide, o hospital é o útero, a enfermeira o óvulo, Stephen o embrião, que tal essa para pirar?"

Finalizando: como todo bom escritor, Joyce reedita. Aparentemente, este "Bloom bobo bolado" acabou mais *soft* na versão publicada: "Ele ouviu dela as aflitas palavras, seu chapéu contido fitando aflito."

83. Terra de leite e aluguel

:gado do sol:impressões:tradutores:

...o fato foi que no caminho ele se perdeu com certa puta de exterior agradante ao olhar cujo nome, ela disse, é Pássaro-na-Mão e ela o seduziu na contramão do caminho certo através de lisonjas que ela disse a ele como, Oi, belo homem, se achegue cá do meu lado que vou lhe mostrar um excelente lugar, e deitou-se ela nele tão lisonjeira que o teve em sua gruta que é chamada Dois-Voando ou, por alguns doutos, Concupiscência Carnal.

Agora, vem cá: ainda precisa comentar? Ou o gênio falou por si? Pena que, na transição de um idioma para outro, metade da graça se perde, eu disse metade? Modesta. É fato que com o feitio de fato poder-se-ia muito bem emular no português a transição linguístico-histórica do idioma inglês em "O Gado", suave e sem grandes solavancos: de "um lírico olhar aos lírios do vale" para "uma cachorra chapa quente". Sacou, bicho?

Ai, desculpem. Não resisti à tentação do virtuosismo, fazer o quê. Uau. Tive um dia incrível hoje, como incríveis têm sido todos os meus dias desde que encontrei Joyce.

84. Líquido amniótico

:gado do sol:joyce no meu cotidiano:

...um mero palpite sem fundo de razão para crianças e velhas caducas embora às vezes se encontrem certos com suas esquisitices sem nem saber como.
Ulysses, "O Gado do Sol"

Bem que faço o possível pra não pensar besteira, mas o fato vem e me engole, e fascina, pois é. Acreditar não acredito, mas a coisa rola, ô se.

E aponto, antes que me condenem, me desvendem, me desmontem. Começou assim, vindo não sei de onde. O desafio era gráfico: uma imagem forte que, se fosse o caso, pudesse resultar em capa de livro. No Google de imagens, encontrei a foto dele, J.J.: mesmo ângulo; mesmo olhar; outro abordar. Encarei. E quando o vi, não sei por que – vai saber de onde brotam tais musas – me veio à mente a faixa vermelha com a expressão antiga dentro, vazada em branco: *Cheek by Jowl*. Alan na hora nem fez caso, mas agora, claro, me acusa, diz que o dito não se encaixa em meu tímido repertório do sagrado idioma inglês, donde o fui desencavar? Bem. É. Saber eu não sei, mas procurando no Google (só pra me justificar) encontrei mais tarde, com esse mesmo nome, a tal trupe shakespeariana que já esteve no Brasil, ah, bom: foi daí que vai ver eu gravei; esqueci; subliminei. O fato é que a montagem da minha foto se esvaindo na dele com "Cheek by Jowl" escrito em baixo aconteceu por puro acaso, sem que eu pretendesse: intuição pura, pura ilusão de ubiquidade.

Falando sério: quase apaguei de emoção, quase susto, ao encontrar *ipsis litteris* mencionado em *Ulysses*, imaginem, o *Cheek by Jowl* que eu tinha descolado mais de um mês antes para legenda da nossa foto, e ainda por cima num conteúdo sexual: Joyce e eu, ali, ó, no ato, pensem bem, e então, me digam: de onde é que fui tirar isso? Ah, gente. Há certamente um caldo de cultura que nos engolfa e alimenta, um líquido amniótico do fato artístico onde quem faz arte flutua, eu, pelo menos, e enquanto escrevo: fluo no fluxo da consciência de Joyce, do feito falado de *Ulysses*. Desta vez, é Alan que afirma, sem meias mentiras, que arte é isso: um perceber mais amplo da mente que o olho nem sente e que, mesmo quando não vê nem ouve, o sujeito escuta. Embora nem chegue a ser um canto, reconheço que conta um ponto a tal "música das esferas": silente, envolvente, onipresente.

Pois é: aconteceu mesmo. Escutei. Rolou. Escrevi. Agora taí. Não tem mais desculpa.

85. Intraduzíveis

:gado do sol:joyce no meu cotidiano:tradutores:

Cora Rónai escreve com admiração, em sua coluna semanal, sobre um tal Andrea Camilleri de quem nunca ouvi falar, tudo bem, sou mesmo uma intelectual que não ousa dizer seu nome, nem confessar seu discutível nível de erudição. O caso é que Cora conta com muito gosto que, como Joyce, Camilleri é francamente intraduzível, e o único jeito de aproveitá-lo plenamente sem tornar-se digno de alguma pena é lê-lo, simultaneamente, no traduzido e no original. Como venho fazendo agora com *Ulysses*. Em sequência, me pergunto: que clássico escritor brasileiro seria assim impossível de traduzir, e de algum interesse indubitável para o mercado estrangeiro? Ah, sim, a própria Cora responde: o nosso Guimarães Rosa, e nem precisava ser vertido para o servo-croata como ela sugere, cairia bem num inglês universal mesmo, e vocês que pensaram que eu ia falar de mim (e do meu incrível romance intraduzível), hein?

E agora imaginem: o mais irônico de tudo seria um livro intraduzível de crônicas sobre o mais intraduzível dos livros, não é mesmo? Fica faltando o interesse universal, claro, que não sou tonta: não se pode ter tudo. Ou sou. Tenho. Mas fico devendo na conta, ou, pelo menos, na rima. Porque essa coisa de aliterado em literatura, dizem, ficou pelo século 15, nem consta mais do dicionário. É pena.

86. Tolerável e apenas tolerável

:gado do sol:impressões:tradutores:

De J.J.: Meet me at Westland Row station at ten past eleven.
De A.H.: Nosso encontro é na estação da Avenida Westland às dez e dez.
De B.P.: Encontrem-me na Estação de Westland Road às onze e dez.

Ri cada qual com seu igual que o que é de gosto regala a vida, mas eu, largada à beira do desgosto, concordo com Burgess: J.J. foi mesmo longe demais nesse derrame verbal brilhante sem o menor sentido prático, cuja lógica estonteante engabela o mais dedicado e galante dos leigos, sabem como é? Bula de remédio? Resultado de exame? Sentença de juiz? Ai, que cansaço mais sem efeito: a pajelança é a única esperança, pois nessa literária lambança não há droga comercial que dê jeito. Mas com tantas e tão consultadas versões, tanto verso e reverso e pretensão, acabei na dúvida: é às dez e dez, ou às onze e dez, o encontro de Stephen na estação? Além do quê, como informa o exatíssimo Google Maps por satélite, "row" nem é "road" nem "avenida", mas um tipo estranho e arcaico de endereço para inglês ver, algo assim como uma vila estreita de casas só de um lado da rua: o mais próximo seria "travessa", como em "Travessa do Ouvidor", mas aí já seria "lane", deu pra entender?

Eu mesma concluí por minha própria conta que neste episódio de "O Gado" os dois versados se enrolaram tanto a ponto de quase pirar, embora, de acordo com as palavras dele (A.H.), ela (B.P.: a redundância pleonástica no trecho que se segue é dela) "tivesse concluído que em breve o parto mais difícil acabaria concluído", tudo pelo safado do bom português. É olho por olho e dente por dente, tintim por tintim o sábio se repetiu: a Lei de Talião. E quanto a mim, pensando bem, já nem estou tão certa assim se o perturbado parto Sturzgeburt é só repentino ou se é induzido mesmo, e vocês aí? *Sprechen Sie Deutsch?*

Ah, nem é preciso falar, eu sei: ninguém está entendendo nada. Nem eu. E nem adianta forçar que a hora é de complicar, e isso é só pra provar que, por mais que eu diga, escreva, ou tente explicar, quem não leu este "O Gado do Sol" jamais saberá... o que é ler este "O Gado do Sol".

É mais ou menos como aquela história de que não existe mulher meio-grávida, se é que vocês me entendem: ou vai, ou racha. E se rachar, broxa, eufemismo sexual bastante prolixo, embora aqui nem tanto e nem tão pervertido quanto se esperava. Ou não se perde ao esperar, ops, por esperar.

Oba. Amanhã tem mais. Mal posso esperar.

87. Cavalheirismo

:joyce no meu cotidiano:

Outro dia, minha tia octogenária (já de volta em casa do hospital, ai, gente, que puta alívio) me perguntou, com aquele jeito incontestável de certeza negativa embutida, se meu marido "ganhava algum dinheiro". Nem vou me ocupar em responder. Por qualquer lado que se enfoque a questão, fartamente analisada nos seus mais banais e múltiplos aspectos em homenagem ao "mês da mulher" (todo mundo já sabe que eu detesto essa celebração idiota, daí as mínimas minúsculas), meu marido, definitivamente, não é um cavalheiro. Confiram de acordo com a seguinte tabela:

– nunca botou joias caríssimas debaixo do meu travesseiro

– nunca me deu um Bulgari embrulhado em jornal

– nunca enviou taça nenhuma de champanhe à minha mesa em Paris com uma joia maravilhosa dentro

– nunca me disse que pareço com Julia Roberts (em versão nacional: Carolina Ferraz)

E bem, hum, uai, gente: não pareço mesmo com nenhuma dessas duas aí e, além do mais, nunca estivemos juntos em Paris, Alan e eu. Afinal de contas, só nos conhecemos há uns três anos, e pra não dizer que ele nunca me deu joia nenhuma, logo depois de me encontrar ao vivo na Flórida – depois de 45 dias de tórrido romance pela internet onde o que menos importa, graças a Deus, é o tamanho da sua bunda ou a ruga funda no seu pescoço –, o danadinho tirou do bolso da calça, entre tímido e intimidado (e me entregou na palma da mão, por cima da mesa do restaurante), uma aliancinha bem baratinha de prata (desembrulhada mesmo), que só por pura sorte me serviu direitinho no anular esquerdo, embora se destinasse ao direito: destino.

Vamos combinar: Alan vive me dizendo que estou gorda. Mas, por algum milagre, algum mistério da natureza, algum recado subliminar que só nós dois percebemos, desde que estou com ele me esqueci completamente da minha velha mania de emagrecer. Meu amado marido tem me dado algo que nunca ninguém me deu: me faz sentir que sou eu mesma, e que está muito bom assim mesmo, apesar do meu péssimo inglês, coisa que o irrita profundamente. Ultimamente a nossa relação, confesso, melhorou muito. E não porque injetei botox na testa, alisei o cabelo crespo ou tingi de louro-estopa os muitos fios grisalhos. Não, gente. Nem porque passamos uma noite por semana trepando no motel como dois guris apaixonados de primeira viagem, nem por forçar a barra da falsa intimidade num "surpreendente" jantar à luz de velas. Nada disso. Nossa relação melhorou muito desde que, por conta de estar lendo *Ulysses*, vou ficando (segundo ele, Alan) um pouco menos burra. Daí que a gente se diverte à beça discutindo os artigos publicados, as passagens polêmicas, as maluquices delirantes do escritor, os erros crassos de tradutores (e de ensaístas e fãs iludidos como eu), e rimos muito imaginando como J.J. riria mais ainda de todos nós, metidos, tentando descobrir como foi que ele inventou tudo isso quando, na verdade, foi simplesmente rolando, nem ele mesmo sabe bem como, e acabou saindo assim, desse jeito enrolado que mesmeriza todo mundo que se mete a lê-lo.

Mas ainda não é por aí, nem seria por causa disso que eu poderia dizer, do meu caro esposo, que é um cavalheiro, mas sim, porque mesmo assim, sem ter nenhum dinheiro, sem me mimar com joias, e nem muito menos convencer-se de estar casado com a mais bela fêmea do mundo – "casado", aliás, é um termo que Alan contesta muito, apesar do papel assinado: tem coisa que irrite mais uma mulher? –, esse homem incomum, que tive a sorte de conhecer um dia, vai me dar um enorme presente, coisa típica de um companheiro perfeito. (com essa mudo até de parágrafo, aiai...)

Adeus, mundo cruel, com sua vaidade de aluguel. Ah, bom: foi só pra rimar mesmo, mas vamos combinar que caiu muito bem, foi ou não foi? Se tudo der certo, vamos morar no mato numa casa transparente, à beira de um riacho murmurante, bem longe deste insensato mundo urbano com o qual manteremos contato constante, é claro, através da internet e da tevê a cabo – confortos que hoje em dia ninguém mais dispensa.

Feliz vida inteira de ser mulher pra você, falou?

88. SACO DE GATOS

:gado do sol:

"Por Deus, James Joyce, fizeste um bravo feito e sem defeito! Tu és, declaro, o mais notável progenitor sem favor nenhum nesta desordenada crônica coloquial que tudo inclui... Devota-te a ela! Labuta, luta como um vero cão de guarda, e que os metidos a versados e todos os Malthusiastas se enforquem. És o paizinho de todos nós", meu caro James.

Tá certo: tem gente demais neste mundo, e mais escritores do que precisamos, ah, isso então é mais do que certo. Mas vamos combinar: se ao menos uma vez na vida todos eles lessem Joyce, seria um mundo bem melhor. Bem mais literário, pelo menos.

"De fato quando se olha bem nisso a maravilha é que tantos projetos e publicações marchem tão bem como o fazem, consideradas todas as coisas e a despeito de nossas limitações humanas que com frequência frustram a natureza nas intenções desta."

Escritor, ô, siga o meu conselho. E conselho, todo mundo sabe, se fosse bom ninguém dava de graça, mas quem quer, mesmo assim, arriscar ser autor, precisa o quanto antes – bem antes de estacionar numa estante – ler sua dose diária de James Joyce, nem que seja pra se vacinar contra uma futura ressaca de mediocridade. Eu não li, e o resultado, ó, tô aí: num saco de gatos, vendendo gato por lebre.

Em puro inglês, ou pelo menos no impuro multinglês de Joyce, quem deixa o gato entrar no saco – "um dos mais complicados e maravilhosos de todos os processos da natureza" – tem que "tirar logo o gato e dar vida a ele": é o saque do gato ou, que saco esse gato, aí tem gato escondido, sacou, gatinho? Velho saco de truques.

Daqui pra frente, imagino, a vida fica bem mais fácil. "E por que só agora?", me pergunta Alan. Bem. Hum. Você encontrou Joyce. Engravidou de Joyce. E agora, finalmente, pariu Joyce, deu pra entender? Rejubila-se, por sua vez, o jubilado, pra enfrentar de uma vez a jubilação. Um leão.

A salvação está chegando, e sim, vem mesmo num xarope amargo, porque Dédalo, vocês sabem, não só construiu um labirinto, como tornou-se ele mesmo um, isto é, virou vocábulo de labirinto. Viram só? Não é nada fácil tornar-se escritor, J.J. que o diga. E quem quiser que o desvende, se for gapaz. Ops, desculpem. Capaz. *Experimente só.*

89. GLOSSÁRIO IV: FUCK, FUCKING, FUCKED

:circe:glossário:

Me espantou no finalzinho do capítulo aquela vulgar prosopopeia de baixo calão – baixíssimo –, e nem um fodassezinho sequer pra relaxar, uai, gente, achei mesmo estranho. Se fosse hoje em dia, imaginem, seja em filme, ou show na tevê ou conversa real, olha aí, pô, fodeu geral: são três *fuck you* pra cada frase enunciada.

Pois, foi eu falar, me aliviar – uau, pelo menos um vício da língua, Deus do céu, que NÃO FOI INVENTADO POR JOYCE – qual... muito me enganei: bastou virar a página que logo ali, bem na entrada do decadente puteiro de "Circe", deu as honras da casa o nosso famoso, formoso e imbatível lema moral, *"fuck the mall", fuck you*, J.J., podilê, dois *fucking* por frase como sói escrever pra soar moderno, ó:

I'll wring the neck of any fucking bastard says a word against my bleeding fucking king.
[Torço o pescoço de qualquer canalha fodido digue palavra contra o puto degraçado do meu rei fodido.]

90. BULA

:joyce no meu cotidiano:telêmaco:

Ulysses é fodidamente bom é fodidamente bom é fodidamente bom.
Enrique Vila-Matas d'après Hemingway, em Paris não tem fim,
num tardio desafio a Gertrude Stein

Um dos efeitos colaterais de se ler James Joyce é a distância que se impõe entre este e os demais escritores. Me entendam: melhor seria assistir a um bom drama na tevê, ler um Paulo Coelho amigo ou, quem sabe, um Crichton vulgar pra escapar ao clichê, mas temo, amigos, por minha saúde mental. Há certas drogas, vocês sabem, que não se devem misturar nunca, por conta do grave risco de se sofrer uma overdose fatal. Por esse motivo, enquanto leio *Ulysses*, fico mesmo com um Vila-Matas: opto por relaxar com *Paris não tem fim*.

Adoro. Paulo Pires numa palestra me convenceu, num átimo, com pouco mais de meia dúzia de palavras: "Vila-Matas não só é o máximo, como muito louco". Mas perto de Joyce, até Vila-Matas fica parecendo chato – um Thomas Mann qualquer, como ele mesmo diz (em *Paris...*) – e pior de tudo: querendo ser Hemingway ou, fisicamente pelo menos, se parecer com Hemingway. Atraiu-me no livro a paródia declarada de *Paris é uma festa*, que também não li, e como estou por aqui com essa ideia de paródia, sobre o embaraçoso "também" não me perguntem nada, porque a lista é bastante extensa: extensa, vergonhosa e inconfessável demais pra quem sempre pretende confessar tudo.

Apesar da prosa inteligente, da imaginação, de passagens engraçadas e da ironia espiritual evidente, se Vila-Matas comparado a Joyce parece chato é porque a gente entende tudo, percebem? Tudo aquilo que a gente lê é só aquilo ali mesmo, tá certo que muito de perto ninguém é normal, mas comparado a Joyce, Vila-Matas *parece* normal. E ainda mais grave: sem o *aftertaste* que nos trava na língua em Joyce. A gente o lê, se alimenta dele e pronto: parte pra outra revigorado, não fica ali pregado naquele ramerrame infinito fazendo força pra que nunca se acabe, como a insistente Paris do eterno inquilino de Marguerite Duras – nada parecido com a perigosa droga compulsiva que atende pelo nome de Joyce, e que logo à primeira palavra lida se recusa a te deixar par(t)ir.

***

Quanto à nossa mixuruca discussãozinha joyciana local, é L.G.A. quem insiste, num fim de domingo solitário com promessa de chuva:

"Se ler o texto em anexo você verá que a polêmica mal começou (e nós dois estamos apenas na periferia); a polêmica real é entre *scholars.*"

Ora, como diria Joyce: que se enforquem os especialistas. Resta o consolo de que o debate maior se trate, não da obesidade de Mulligan (ou seu altergago Gogogarty) – que a meus olhos de enfado já o vejo quase momesco, o que não seria de todo inadequado: Alan lá do quarto insiste, já nervoso, me ensurdecendo aos berros:
– Falstaffiano!
Mas sim, da intraduzibilidade de Joyce, um gravíssimo efeito colateral que genérico algum conseguirá evitar, ora, *bollocks*: deixar-te esquecer, se curar da doença grave da literatura, mas, ops, isso já nem é mais Joyce, é Vila-Matas mesmo, um dos poucos grandes autores que (re)conheço hoje em dia que não se curva aos tentadores tentáculos revolucionários de Joyce.

91. Alimentando o Cérbero

:calipso:circe:impressões:

Se não sou claro, todo o meu mundo está aniquilado.
Stendhal

"Não cheguei a compreender que, em vez de matar leitores, o estilo podia consistir em inventar leitores novos e se dirigir a eles com a maior clareza e simplicidade possíveis, por mais incomum que fosse o que eu quisesse dizer", escreve Vila-Matas em *Paris não tem fim* – que bem poderia se intitular *Cartas a um jovem escritor* como escreveu aquele um, citando as cartas ao poeta daquele outro.

Nem bem avancei em "Circe" e já comecei com uns sonhos estranhos, me entendam bem: sonho estranho é comigo mesmo. A noite passada, por exemplo: depois de algumas passagens inexplicavelmente eróticas onde gozei pelos dedos titiladores de uma mendiga maltrapilha e suja, encontrei minha mãe encarnada numa bela mulher de quarenta e poucos anos, que, depois de esfolar um lobo (e no sonho, acreditem, estranha como a mãe de Vila-Matas somando tudo, eu ia fazendo as contas: sendo mais jovem do que eu, como poderia ser minha mãe?), preparava pro jantar um cozido de lobo, que tal isso pra motivo animal? Dá-lhe, Freud.

O caso é que se lê *Ulysses* – leia-se: eu leio *Ulysses* – com um só objetivo: provar-se – provar-me – a mais inteligente das criaturas ao botar no chinelo todos os demais pretensiosos estudiosos de *Ulysses*, gente que passa a vida inteira especulando significados e ainda ganha pra isso (se judeus ortodoxos transformam a leitura da Torá em profissão, por que não poderíamos, nós, leigos literatos deste mundo, fazer o mesmo com a literatura, notadamente no caso de *Ulysses*?). E como conseguir isso? Claro, Clóvis: descobrindo o que ninguém descobriu antes, mas que, não se enganem, jamais passará do terreno da especulação, considerando que James Joyce, seu autor, já está morto mesmo e não pode explicar mais nada. Como na Torá: ou vocês pensavam que Deus, antes de morrer, deixou um – um, não: vários – caderno de anotações pra dar um *help* aos intérpretes de sua obra?

A maioria dos estudos de *Ulysses* a que tive acesso – em minha extensa e profunda pesquisa no Google – afirma que "Circe" é uma alucinação, uma espécie assim de viagem de droga (mesmo que Bloom não tome droga nenhuma, nem mesmo a droga do segundo drinque). Segundo L.G.A. (como já vimos), a coisa reza pela cartilha do Grand Guignol, o que, bem, pode até elucidar a forma, mas não o conteúdo – cabe aqui mais uma boa dose de Vila-Matas (eu não disse que as duas drogas combinavam?): "Em *A assassina ilustrada,* dissociei demais forma e conteúdo, a emoção e a expressão da emoção, do pensamento, que teriam que ser inseparáveis, deveriam ser sempre inseparáveis para que o leitor assista ao vivo à criação de um texto de pensamento comovido."

No episódio, os símbolos são animais porque, afinal de contas, a Circe de Homero transformou em porcos os homens de Ulysses. O pé de porco no bolso de Bloom está aí mesmo pra provar isso e, a propósito disso, vale citar a tese de mais um sujeito maluco, que prova por amaisbê que Joyce teria uma fixação por pés: são as botas de Stephen em "Proteu" – "meus dois pés nas botas dele" (ou "sandálias, minhasdele" ;–) ih, me enrolei com essa pontuação, ficou parecendo um estranho emoticon, não?; as botas de um mendigo que em Hades as esvazia de terra e pedras, sentado na calçada no caminho do cemitério na "jornada da vida após a morte", anote esta aí que há de ser útil mais tarde; as sandalinhas de cetim de Mrs. Breen; ou, ainda, os sádicos *stilettos* das botas de Bella/Bello Cohen que, falando sério, lembram mais *Kinky Boots,* filme incrível de 2005 sobre um inglês travesti que criava botas, ih, mas estou divagando.

Mais um breve esforço de pesquisa e, buscando no texto original de *Ulysses*, descubro 82 ocorrências da palavra "pés", que, somadas às 76 de "pé" no singular, resultam numa espécie plural de recorde fetichista. CQD. Esse delírio extravagante todo começa justamente com a cena de Bloom entrando no açougue já quase fechando e comprando – coisa mais nojenta – um pé de porco e um pé de carneiro, nenhum pé de coelho nem de cabra infelizmente, estes sim, seriam úteis na jornada ao inferno. Hã? Que negócio é esse agora? Peraí que eu já estava quase dormindo... Jornada ao inferno? Mas isso não foi no outro episódio?

Pois é, gente: eis aí a grande descoberta que me dará o Nobel de Literatura ou, pelo menos, o de "Especulação em Literatura", né? Sempre pensei que esse "Circe" fosse um sonho, um longo sonho bêbado de Bloom em linguagem simbólica típica dos sonhos, mas não: acordei com outro tipo de revelação divina, só pode ter sido a energia esclarecedora daquele sonho de lobo, lembram? Axiomatizando: trata-se aqui de vivência de Bloom enquanto vítima de um choque anafilático – provocado por segunda picada, tendo sido a primeira a daquela "abelha ou varejeira azul de segunda-feira de Pentecostes" –, que o mantém internado no hospital da Rua Holles de onde nunca saiu e onde prostrado, à beira da morte, faz um retrospecto de sua vida e, de tão culpado, providencia, em pleno devaneio, um jabá que lhe permita escapar incólume do Grande Cão às Portas do Inferno... ou quem sabe no (mesmo) barco? O fato é que, se não deu boi nenhum pra não entrar nessa briga de cachorro grande, Bloom acabou dando os seus dois pés – o de porco e o de carneiro – pra conseguir passar pelo horrendo Cão de Três Cabeças: afinal de contas, já havia perdido a moeda de Caronte para a Martha do Lionel, isto é, da ópera. Um tremendo pé-frio, esse nosso Bloom.

Mas nem tudo está perdido, vamos combinar, se a gente ainda é dono dos próprios pés e consegue caminhar com eles. E pra quem acha que acabei maluca como aquele chapeleiro, reparem bem nos três chapéus femininos de Richie Goulding (pra que três, se a cabeça é só uma?). Além do mais, todo mundo sabe que, em sua intrínseca bondade, Bloom bem que seria capaz de descer aos infernos pra resgatar a alma do filho morto, quem não? E sem nem olhar pra trás? Me acreditem: é o que ele faz, *quid pro quo*. Vale ou não vale um Nobel?

E ainda tem mais: conversando com Stanislas — seu irmão — a respeito de "Circe", J.J. reforça, com mais uma dica, esta hipótese metafórica da experiência de quase-morte, ou a ideia de que a plena compreensão da vida só se obtém com a morte:

"Está vendo aquele homem que pulou pra fora da trilha do bonde? Imagine, se ele tivesse sido atropelado, como cada ato dele se tornaria importante de repente. Não digo para o inspetor de polícia. Mas para todos que o conheceram. E os pensamentos dele, para qualquer um que pudesse conhecê-los. É a minha ideia do significado das coisas triviais que quero dar aos dois ou três pobres-coitados que eventualmente poderiam me ler."

Carpe diem. E a leitura também: põe trivial nisso. Leitor de Joyce? Não é um pobre-coitado, é um tremendo privilegiado, isso sim. Embora hoje em dia esse tipo de privilégio esteja online, ao alcance de qualquer um, ah, tá bom: por bem menos de meia-coroa. Como diz o ditado citado por Vila-Matas, que cita o argentino e borgesiano Edgard Cozarinsky, que cita o francês Godard, ufa, já estou por aqui de citações:

"Ninguém é tão inteligente que possa saber todo o mal que faz."

92. NO BANCO DOS RÉUS

:calipso:circe:joyce no meu cotidiano:

SENTINELA: Profissão ou negócio.
BLOOM: Bem, sigo uma ocupação literária, autor-jornalista. Na verdade estamos justamente lançando uma coleção de contos premiados dos quais sou o inventor, algo que é inteiramente outro departamento. Tenho vínculos com a imprensa britânica e irlandesa. Se você ligar para...

Segue-se a contestação, por parte do premiado (e como já sabemos: bom pra limpar a bunda) Beaufoy, que acusa Bloom de plágio e de sequer ter cursado uma universidade (Bloom se defende: graduado pela Escola da Vida), pois é, falando no assunto, um debate vital, mas que nunca chegou a bom termo: escola superior para escritores (será que isso existe mesmo?). Quanto a ligar para... hum. E conexões com... e ameaçar com um agente... hum: nada de novo sob o sol. Sem QI, nem com a história mais hilária ninguém chega a lugar nenhum, pior ainda se a forma escrita for totalmente inédita e original: imaginem *Ulysses* na pilha de lama das editoras, sendo avaliado por um estagiário jovenzinho desses... Deu pra imaginar? "Um daqueles, senhor: um metido escorregadio disfarçado de literato", hum. Dá-lhe carapuça.

93. TORRINHA

:circe:joyce no meu cotidiano:sereias:

"Ele disse que ele tinha visto da torrinha meus globos inigualáveis no que eu me sentava num camarote do Teatro Royal num espetáculo de gala de La Cigale", acusa uma impiedosa Sra. Yelverton Barry, encarando um Bloom perdido no banco dos réus.

Depois do medo de cachorro e de relâmpago e de feitiço, taí algo mais em comum entre Joyce e eu – alma gêmea perde: frequentar a torrinha no teatro, eufemisticamente, em inglês, "gods".

Deixem-me explicar: *gods* não é galeria, nem balcão. Não, senhores. Gods é nada mais do que aquela sessão lateral muito disputada da galeria – no nosso Municipal tem, e é lá que eu sempre vou. Para ópera, orquestra ou balé, qualquer lado serve, bem, vamos combinar: pra balé não serve lado nenhum, que olhando o palco tão lá de cima a gente só vê cabeça, interesse nenhum nos decotes generosos das peruas montadas da plateia. Agora, para piano, só o lado esquerdo, vocês sabem, pra enxergar as mãos no teclado, ainda que diluídas na perspectiva muito ampla de um deus julgador nas alturas: "See from the gods."

Dizem que Joyce tinha "esse hábito muito peculiar de sentar-se na extrema direita da última galeria" (Richie Goulding vai lá também: *In the gods of the old Royal*). "Deste ponto de vantagem pode-se olhar o palco de uma perspectiva quase vertical", entrega Jeff Byrne, o Cranly de *Retrato de um artista... e Ulysses*. "Não gosto do lugar de jeito nenhum, mas J. era tão infantilmente ansioso para se sentar lá, que eu concordei, é claro, em sentar-me com ele."

Tudo bem que em tão preciosa companhia nem eu hesitaria, mas sem essa chance... tsk, tsk: se eu pudesse, e se meu dinheiro desse, seria *habituée*, isso sim, de um bom e agnóstico balcão nobre para o resto da vida.

94. DIREITOS

:coletor de injustiças:joyce no meu cotidiano:

Não achamos que tem que liberar tudo, mas em geral,
quando há um projeto sério, damos o aval.
João Jorge, filho de Jorge Amado

Não sei se o meu "projeto James Joyce" é sério, bem, sério eu sei que não é, apesar de levá-lo muito, muito a sério. Se é que alguém consegue manter a seriedade ao ler seriamente James Joyce, e desde quando seriedade é sinal de um trabalho sério? Quer dizer: sisudez; trabalho sisudo. Ou séria mesmo é a ameaça à seriedade de quem, sem que se possa levá-lo a sério, levianamente serializa a censura em série, uai, gente, serializar não é verbo não? Seriar soaria melhor? Ou apenas mais sério?

Hum. Preocupada, ou melhor, ocupada com prévias inúteis, inutilmente afetada por notícias de ações judiciosas – ops, judiciais – desses meeiros todos, donos de artes herdadas na esfera de uma cultura pública que *cogito, ergo* eu seria ou não? Nunca fui? Uma ameaça à memória de quem, em vida, nem ligou para a memória farsesca de personagem algum?

Quem nunca escreveu nada – ou quem não compartilha, mas herda a post-mortem memória louca de quem faz da escrita profissão de fé – pode até ter direito legal, mas cortar pela raiz, e *a priori*, o empenho de quem sonhou herdar um dia a duramente perseguida seriedade literária... Não acho nada legal. Enfim. Nunca se sabe.

A gente entende: pra quem não comunga no espírito da coisa, é duro demais descender de quem foi gênio, e o pouco que sobra dele em seus (normalmente) medíocres descendentes é mais do que merecido consolo.

95. O CHAPELEIRO LOUCO

:cila e caribde:circe:ítaca:

> *Se por tuas ações e arte não podes agradar*
> *a todo mundo – agrade a uns poucos.*
> *Agradar à multidão é ruim.*
> Friedrich Schiller

"A arte deve nos revelar ideias", escreveu James Joyce. E Leopold Bloom, num claro reflexo de vocês-sabem-quem, elege a música como expressão favorita: como um legítimo amador, nutre por ela o maior amor. Excelente tenor amador, eu quis dizer. Pois é. Além da música, Joyce prefere, por exemplo, o teatro ou a literatura de seus poucos rivais ou inspiradores. Para a pintura sobra pouco, embora se saiba que foi com um pintor, o inglês Frank Budgen, que o autor debateu, antes de publicá-los, o polêmico teor estético de seus textos: uma breve radiografia temática de *Ulysses* revela uma e apenas uma referência à pintura, a do simbolista Gustave Moreau.

Mas Joyce é tão absorvente que, enquanto a gente o lê, é levado a crer que tudo em volta sofre a ação de sua marca. Nem tudo. Ao assistir o intrigante *Klimt* – cinebiografia livre do pintor austríaco, criador do *Art Nouveau*, dirigida pelo franco-chileno Raoul Ruiz – hesito um pouco em concordar com Alan, que enxerga na obra um tom joycia-no: *Klimt* faz uso de diversos planos de consciência em tempos e fases diversos, mas simultâneos, libertados da limitante cronologia; como o personagem real que o inspirou, quebra todas as regras estéticas e sim-bólicas; passa pela inovadora Paris dos milenovecentos, onde anos mais tarde seria publicada a primeira edição de *Ulysses*; espanta e choca pelo alto teor de erotismo, embora aqui carente de humor – Gustav Klimt é sério à beça; e *last but not least*, na melhor tradição recomendada por Schiller, ambos, J. e K., agradaram a bem poucos enquanto estiveram vivos. Mas Klimt, que eu saiba, nunca encontrou Joyce. Provavelmente morreu – sífilis, Viena d'Áustria, 1918 – antes que Joyce despontasse como estrela na cena parisiense; e Joyce, que eu saiba, nunca foi a Viena, embora tenha sido convidado a morar lá pelo arquiinimigo John Gogar-ty em 1907, quando, certamente, teria cruzado com um hipererotizado Klimt num prostíbulo decadente qualquer da imperdível cena noturna europeia: se mais não houvesse, somente a cena do pintor, trancafiado com o Ministro da Cultura numa jaula de bordel – as cabeças de ambos enfiadas em máscaras de gorila (como o cão do inferno na corte judi-cial de "Circe", metamorfoseado por metempsicose num Paddy Dignam defunto, para, do além, defender Bloom das falsas acusações), cercados por putas-domadoras de bigodes postiços e chicote em punho – já justi-ficaria uma aproximação com o nosso caro mentor irlandês. Além disso, as doses de mercúrio impostas a Klimt como suposta cura para a sífilis poderiam muito bem elucidar para o leitor a "face injetada de mercúrio escuro", que, por baixo de um sombrero, ameaça Bloom, e mais tarde o confronta como testemunha no banco dos réus: MERCÚRIO ESCURO.

Ou, então, sem mais viagem, só a derradeira imagem do Chape-leiro Louco de Lewis Carroll, vítima, todo mundo sabe, de envenena-mento por mercúrio, como todo chapeleiro louco: "Por que um corvo se parece com uma escrivaninha?" Ah, bom, e aquela raposa de Stephen enterrando a avó debaixo do azevinho, hein? Que tal essa, como enig-ma barato pra inglês nenhum botar defeito? Pirei mesmo, taí. E sem mercúrio nenhum cabeça adentro, não tem desculpa. Fui longe demais desta vez. E, sim, antes que eu inevitavelmente me esqueça: de acordo com a Wikipédia, Gustave Moreau é o equivalente francês do austríaco Gustav Klimt, e Klimt, no filme, é acusado por um de seus críticos aca-dêmicos de mudar de estilo como quem muda de camisa, hã-hã. Ou de episódio.

Ousadia é mesmo um mal sem cura. CQD.

96. A felicidade é uma batata quente

:joyce no meu cotidiano:

When you talk about destruction you can count me out.
[Ao falar de destruição me incluam fora dessa.]
John Lennon (1940-1980),
rebelde de todas as causas

Se geração tivesse trilha sonora, a da minha seria algo assim como este *Across the Universe*, o (delicioso? imperdível? maravilhoso? sei lá, tudo isso ou nada disso, mas com certeza tocante, sim, a mim pelo menos tocou e basta de adjetivos-clichê) filme de Julie Taymor. Agora. Vamos combinar: John Winston Lennon não tem nada em comum com James Aloysius Joyce, a não ser a inicial do nome de batismo e o fato de que ambos me inspiram. E esse filme não tem nada a ver com esta crônica e muito menos com este livro, a não ser por eu ter descoberto, quando o assisti, que embora eu saiba de cor todas as letras de músicas dos Beatles, nunca as compreendi de fato como venho trabalhando para de fato compreender *Ulysses*: entro até hoje no modo automático e canto (macaca sem auditório, ieieiê), eu sou ele como ele é tu como tu és eu somos juntos a morsa, sei muito bem o que é um leiteiro, ou padeiro, ou fruteiro, ou lixeiro, mas ops, peraí.... *oveiro*? Monja pornofônica, pudim de sardinha, peixeira lerdaninha, socorro! Do que esse cara está falando? Um pinguim de bandeja chutou Poe para o alto ao som de Hare Krishna, mas, cá entre nós – que de *experts texperts* também estou por aqui – poderia ter sido o Joyce de *Finnegans Wake*: *googoo g'joob*. Elementar, meu caro Watson.

"Não sei qual foi a intenção de Lennon", confessa Taymor nos extras do DVD. "Talvez ele esteja se virando no túmulo e todos fiquem chateados" [com o filme]. Pois é. Não sei qual foi a intenção de J.J. em *Ulysses*, e pode até ser que ele se vire no túmulo por causa deste livro, mas não creio que o faça: Joyce, como se viu, curtia uma boa paródia. Não estou aqui pra chatear ninguém, vai tudo acabar muito bem, ou, caso contrário, relevem, libertem a mente. E me incluam fora dessa.

97. Joyce profeta

:ciclopes:cila e caribde:circe:eumeu:gado do sol:joyce no cotidiano:lestrígones:rochedos serpeantes:sereias:

"A humanidade é incorrigível", lamenta Leopold Bloom, num precoce e apaixonado ataque de prostíbulo aos malefícios do fumo. "Sir Walter Raleigh trouxe do novo mundo essa batata e essa erva, uma matadora da pestilência por absorção, a outra envenenadora da orelha, olho, coração, memória, vontade, entendimento, tudo. O que vale dizer ele trouxe o veneno cem anos antes que outra pessoa cujo nome esqueci trouxesse o alimento. Suicídio. Mentiras. Todos os nossos hábitos. Senão, olha nossa vida pública!"

Incorrigível. Hum. Embora não tenha ficado claro qual foi o alimento (Raleigh já trouxera a batata), parece que Joyce escreveu isso ontem, é ou não é? Hesitei um bocado pra escrever esta crônica, e quase não o fiz. A ideia toda da coisa soava assim, meio duvidosa, forçada, manipuladora como a decisão do autor que antecipou, em quinze anos, o divórcio do Vice-Rei para encaixá-lo melhor na trama ("sentado na carruagem com sua ex"), ou se aproveitou do fato de estar descrevendo em 1920 fatos ocorridos em 1904 para dar uma de adivinho ao predizer, por exemplo, que o jovem Stephen "escreveria algo dali a dez anos" – Joyce começou a escrever *Ulysses* em 1914, quando também publicou *Dubliners*.

São muitas as anotações de possíveis predições de J.J. – como poderia ser facilmente verificado, caso eu fosse ingênua o suficiente pra guardar em meu notebook todas as anotações, registradas faz tempo num arquivo confidencial intitulado "Joyce profeta"... Profeta? Eu, hein? Provar quantas vezes me equivoquei? Em todo caso, não se pode dizer do estilo literário de Joyce que permita elucubrações mil, justificando vaticínios vagos – como os do enigmático texto invertido de Nostradamus – que, caso a gente espere o suficiente, acabam se realizando. Não. Se profeta fosse, Joyce estaria mais para os lados de um Julio Verne visionário, intrometendo à vontade pela fala de Bloom um saber científico à frente de seu tempo, isto é, do tempo de Bloom (e às vezes até de Joyce, mas isso já não é profecia, é inteligência mesmo), como, por exemplo, as discussões sobre controle da natalidade e inseminação artificial, ou sobre as vantagens do vegetarianismo, ou a explicação teórica para o pau duro do enforcado ou, mais surpreendente ainda, a condenação do fumo, essa me pegou de jeito: se já era sabido, há mais de cem anos, que fumar é tão nocivo à saúde, como conseguiu Hollywood atracar ao cigarro a indelével imagem de charme? Mistério. Mentiras. Suicídio.

O incrível nisso tudo é que lendo *Ulysses* não se tem aquela impressão mofada, meio amarelada e mais pro obscuro de um texto manuscrito no início do século passado. Descontando o carregador de lampião e a miséria porca espalhada no lixo (e precisa descontar?), dá até pra acreditar que o livro nem foi terminado ainda: está naquela fase provisória de puro delírio de escritor, antes da edição final, em que se encontram também algumas crônicas desta que vos fala: minha linda teoria para as alucinações em "Circe", por exemplo – na qual se descreve com acadêmico brilho a experiência de quase-morte de L.B. –, acaba de cair por terra.

Bloom está imerso agora numa explícita fantasia de majestade em sua Bloomsalém – com coroa, arminho, séquito e verborragia aguda: "Mah Ttob Melek Israel, Aleph Beth Ghimel Daleth Hagadah Tephilim Kosher Yom Kippur Hanukah Roschaschana Bnei Brith Bar Mitzvah Mazzoth Askenazim Meshuggah Talith", uma lista vernacular castiça pra povo-de-Deus nenhum botar defeito (e nem sentido) – que só algum tipo psicogenético de droga explica, mesmo que seja a droga da humilhação, ops, compensação. Mas pô, divaguei. Não era de profecias que eu estava falando? Pra não perder a viagem, seguem algumas que anotei:

– "O banho de sangue do quinto ato [de Hamlet] é uma antevisão do campo de concentração cantada pelo senhor Swinburne", em "Cila e Caribde";

– "Todas aquelas mulheres e crianças queimadas e afogadas em Nova York. Holocausto", em "Os Lestrígones", ou "se contava de uma tremenda catástrofe em Nova York. Na América essas coisas estavam acontecendo continuamente. Gente desafortunada morrer assim, não preparada. Ainda assim, uma ação de contrição perfeita", em "Os Rochedos Serpeantes";

– "Tão desmatados como Portugal estaremos em breve, fala John Wyse, ou Heligoland com sua árvore única, se algo não for feito para reflorestar a terra. Lariços, abetos, todas as árvores da família das coníferas vêm velozmente sumindo", em "Os Ciclopes";

– "O dia do acerto de contas estava reservado à importante Ingla-terra, apesar de seu poder de banca devido a seus crimes. Haveria uma queda e a maior queda da história. Os alemães e os japoneses meteriam sua colherzinha, afirmou ele", em "Eumeu".

Pronto. Já deu pra convencer vocês das conexões premonitórias do homem? Ah, sim, ficou de fora de *Ulysses* o milagre da informática, mas tudo bem: tem escritor que até hoje não gosta. Não é meu caso.

98. BIG BROTHER GLOBAL

:circe:glossário:

"Big Brother up there, Mr. President, you hear what I done just been saying to you. Certainly, I sort of believe strong in you, Mr. President" [Aí, Grande Irmão lá em cima, Sr. Presidente, o senhor escute o que eu fiz acabei de lhe contar. Certamente, eu tipo que acredito muito no senhor, Sr. Presidente], prega em "Circe" um convicto profeta Elias, predizendo bem mais do que previa.

Procurar "Big Brother" no Google dá *Globo* na cabeça com cer-teza, embora há quem pense que o verdadeiro Big Brother é o próprio Google. Não sei se alguém sabe, mas muito antes do Boninho, e da ho-landesa Endemol, essa ideia do Grande Irmão foi globalmente divulga-da em 1948 pelo escritor inglês George Orwell, em seu futurapocalíptico *1984* (a ordem dos fatores determina o produto): todo mundo vigiado e controlado vinte e quatro horas por dia pelo olho-que-tudo-vê, hoje mais do que nunca uma realidade londrina, a cidade mais videovigiada do planeta. E ninguém mais se assusta com a ameaça de pesadelo: tem quem ache até bom, imaginem, se sinta seguro.

Pois o que eu duvido, mas duvido mesmo que alguém saiba, é que o termo "Big Brother" já havia sido mencionado em literatura bem antes de Orwell... e adivinhe por quem?

Tá bom. Adivinhou.

99. Salva pelo gongo

:circe:impressões:

"bebida bife batalha boiada buzina berreiro besteira bispo", discurso erudito esse, hein? "(incoerentemente) do sublime ao ridículo é só um passo", ai, me segura que eu "vou gritar". Ou me transformo em porco de vez ou este "Circe" vai me dando nos nervos, ai, vontade inclemente de passar por cima. Incoerente. Não é que não tenha coisa boa aqui, gente, não, o problema é que até sobra: é esmola demais, nem o santo confia.

O que um dia foi sonho tornou-se delírio foi coma e foi fato já nem sei o que de fato foi, destoei com efeito da foto: mnemomemória. Queria por ora ter parte entendido, "amanhã é um novo dia será. Passado foi hoje é. O que agora é pois vai ser amanhã como agora foi passado ontem", só sei que cansei, é, gente: gênio também cansa. Se não fosse o desejo gritante de ler o daí pra frente eu bancava a gastura, ô: gastança. Tô que tô por aqui, ó, quase endossando quem sem nem folhear, ainda assim odeia. Mas eu sei que isso passa e dentro em pouco incendeia, agarro o gongo no gogó de novo.

Respiro. Confio. Sigo em frente sem pular uma linha.

Ai, "meu dicionário".

100. Tudo que é demais engelha

:circe:joyce no meu cotidiano:

"Estou exaurido, abandonado, já não jovem. Parado, por assim dizer, com uma carta não-postada portando a taxa extrarregulamentar em frente à caixa postal tardia demais da agência geral dos correios da vida humana", conforma-se um Poltrão Bloom, sob o jugo de Bello Cohen, caindo do salto em *Ulysses*: acontece aos melhores.

Será que é mesmo mal da idade? Não creio. Penso que é mais um momento crasso, crucial, em que tudo conflui para uma ressaca enorme e que escritor nenhum retrata, um chato chove-não-molha sem voos nem choques nem altos nem baixos, tudo almofadado, camuflado pela certeza de que antes que tudo melhore vai piorar bastante, Barack que o diga. É o domínio da destemperança e da desesperança próprias da morte, não da nossa, mas daqueles que nos precedem já deteriorados, condenados pela certeza do tempo, ui, desculpem: fui lúgubre. Quando, tá certo, deveria ter sido lúbrica, ou que graça tem para o espectador? Um lúbrico público ainda fresco, com gosto de franca descoberta porque, na minha idade, dizem, toda luxúria vem temperada de culpa e vergonha, o que resulta muito lúgubre mesmo, taí: dois vocábulos sem nada a ver confundidos pelo ouvido. Literartífice. Ou pura literatice?

Arte pelo amor à arte, *art for art's sake,* é o que Joyce diz, e o analista literário amador L.G.A. endossa: uma expressão de desafio, uma chamada, um exercício de libertação da tirania do propósito e significado na arte. Libertação do grilhão que é a força niveladora da idade, deixar-se aprisionar por essa pobre noção de culpada num credo em que é tudo pecado: agora são quatorze, imaginem. Mortais. Novesfora nada não sobra nenhum, pecado nenhum por fora da fúria da igreja, isto é, de qualquer igreja, acima e abaixo da linha do Equador. Ou vocês pensavam que o fastio provocado por Joyce não me ensinaria nada? Ensinou: culpa pelo amor à culpa sempre resulta em tédio mortal ou, pelo menos, em tedioso delírio letal para a própria culpa, porque tudo que é demais enjoa, engelha, resseca e aí, por que não, incluída a ressaca da culpa o culpado e o ocupado demais. Ocupassado. Quem passa por isso arisco, pelo menos se diverte um pouco: tira a rolha do cu, peida, e arrolha de novo, calma, gente: é puro jogo de cena, puro James Joyce. Por amor à arte, puro e simples, inveja, pecado mortal.

101. Pinimba

:circe:gado do sol:impressões:nestor:

É claro que tem um motivo sério essa minha pinimba repentina com Joyce, a vontade imperiosa de editar *Ulysses* cortando fora, por pura implicância, um episódio inteiro. Amor e ódio, vocês sabem, são como prazer e raiva: duas faces da mesma moeda corrente, e não negarei isso, muito pelo contrário. Comprovo.

Mas sendo honesta e humilde perante o gênio alheio, confesso: é por despeito. E tem a ver com uma passagem de "Circe" que falhei em decifrar, e até onde pude averiguar, falharam *tutti,* prova disso é a grafia variadíssima do fragmento enigmático: *"Fellowcountrymen, sgeul inn ban bata coisde gan capall"*, ou *"sgenl inn ban bata"*, ou ainda *"sgeul i mbarr bata"*, imbatível (olhem quanto tempo levei pra confessar, meu Deus, estou quase terminando o capítulo, e isso aparece lá pelo meio): faz parte do discurso alucinado de Bloom Hamelekh em Bloomsalém, mas hebraico não é, isso eu garanto. Nem iídiche. Nem húngaro. Embora soe como tal, não é gaélico – gaélico de dicionário, claro –, porque se gaélico fosse, seria: "Compatriotas, história de estalagem bengala branca perna dos sem cavalo"; ou no caso de *"i mbarr bata"*, "manteiga no cume branco". Pff. Parece fazer algum sentido? Baseada no *hoopsa boyaboy* do outro dia e noutros truques traumático-joycianos do tipo, já juntei palavras, separei, remanejei tudo e não cheguei a coisa alguma, não foi à toa que desrumei. Acabei desanimando. Aprendi que é tênue o limite entre o enigma instigante e a falta completa de sentido – o som de bater palmas com apenas uma das mãos, se é que vocês me entendem –, e perdi completamente a graça, me sentindo a menos inteligente e mais ignorante das criaturas, cerrando fileiras com os que acham J.J. um chato: quase desisto dele de vez. *Salamalekum bakebutzah, hara, hara.*

102. Missões

:circe:eumeu:glossário:sereias:

Em verso original, William Ross Wallace (1819-1881), poeta, americano, celebra a missão da matriz feminina, a mãe da raça:
"A mão que embala o berço é a mão que regula o mundo."

Em clássico burlesco, James Joyce, irlandês, escritor (1882-1941), celebra a missão da matriz literária, a mãe da mente:

ADULTÉRIO POSTAL PENITÊNCIA DE BLOOM CULPADO
– "As Sereias" –
A mão dela que embala o berço regula o. Ben Howth. Isso regula o mundo.

DE BLOOM BEBÊ PARA ZOE MERETRIZ
– "Circe" –

Bruxa ridente! A mão que embala o berço.

MARÍTIMO ARREPENDIDO RELEMBRA ESPOSA SOLITÁRIA
– "Eumeu" –
Acredita que eu esteja morto, embalado no berço das profundezas.

103. O DIABO NOS DETALHES

:joyce no meu cotidiano:

Antes de conhecer Alan e finalmente me convencer de que a língua entre dentes sibilada – como, por exemplo, em *"dze buq is on dze teibol"* – constitui, bem mais que frescura pura, um *must* para o pleno entendimento interlingual, sempre me considerei insuportavelmente esnobe, tentando imitar sem sucesso o sotaque correto em inglês, francês, ou até mesmo o prresque-impossíblêu erre dobrrado (ou trrriplicado) do hebrraico. Num mundo de daunloudes, noutibuques e deletantes, vamos combinar: é mera estratégia de sobrevivência. Ou ninguém nunca ouviu no canal Sony a cabo o aterrorizante "Gôuste uisperer"?

O caso é que aqui nestas crônicas não consigo me decidir entre o afarofado abrasileirado *Ulysses* e um desobrigado estrangeirado *Ulysses*, à altura de alguma intragável Odete Roitman do século vinteum.

Vem o jornalista J.B. Moreno em meu socorro: basta de nhenhe-nhém. Contesta o Moreno a premissa (aparentemente) falsa da falsa intimidade de um ministro de Lula que, apesar de toda a alegada amizade com o nobre Ulysses, escreve o nome dele assim, ó, com "i" – no caso, me entendam, o Doutor Ulysses Guimarães, padioleiro da democracia, para quem "o ipsilone era símbolo de seu estilingue contra a ditadura" –, então tá: em se tratando da (minha) literatura o estilingue é meu, fim da crise de identidade e não se fala mais nisso. Fica daqui por diante estabelecido o *Ulysses*, revogadas as disposições, etc., etc.

Além do que, todo mundo já sabe que um Joyce bem declamado é um Joyce bem compreendido, e em qualquer língua, *oy vey*, com o sotaque adequado. O duro às vezes é descobrir que diabo de língua Joyce está falando, não é mesmo? Hein, Reynard?

104. Culto à (falta de) personalidade

:circe:coletor de injustiças:tradutores:

"Joyce tinha consciência de suas limitações como poeta", afirmou Sylvia Beach. "Chegou a me perguntar se eu não achava que ele se expressava melhor em prosa", ah, bom. Quanto a mim, já deveria ter escrito sobre isso faz tempo, mas não sei por que [ou eu deveria escrever porque?, ou porquê?, ou ainda: por quê?, valha-me a santa reforma recente, mas acho que este intrigante enigma ortográfico ela deixou de fora, pô: fica sempre faltando alguma coisa], até hoje adiei: falta de um bom incentivo, duvidosa capacidade de análise, fidelidade de tiete, *you name it*. O fato é que até hoje não me animei a deplorar oficialmente o "Ecce Puer", considerado pela crítica o melhor poema do maior escritor de todos os tempos, não exatamente um poeta ou um poético – ah, bom –, mas um romancista satírico ou, pelo menos, francamente irônico.

Of the dark past
A child is born;
With joy and grief
My heart is torn.

Tem mais:

Calm in his cradle
The living lies.
May love and mercy
Unclose his eyes!

E mais não conto, embora haja – haja, meu! –, uai, já não critiquei esse poema? Mas se antes fui discreta, por puro sei-lá-o-quê, agora sim, me entrego com vontade: assim francamente não dá, J.J., ou pra mim, pelo menos, não deu. Ou não entendi. A gota d'água encorajadora para esta minha *chutzpah* apóstata veio de um artigo sobre a poesia de Machado de Assis, onde se conclui que bem pior para a literatura do que a falta de técnica, de ideias – vou de acento ou sem? –, ou de habilidades é o perigo do excesso de autoconfiança, falando de mim, é claro, de quem mais? Ah, sim: quer saber mais sobre Joyce poeta do que se aventura –

aliás, confesso: não gosto muito de poesia – esta pobre cronista? Pode conferir online sua célebre ritmo-rimada *Chamber Music*, que, embora assim pareça, não tem nada a ver com a doçura harmônica da música de câmera, mas sim com o ruído muito feminino, embora aposentado há muito, da urina noturna atacando um urinol.

E por falar em mijo – me desculpem de novo a grossura –, persiste pra mim a séria dúvida: ao escrever *"Shy but willing like an ass pissing"*...

de A.H.: "Reclusa não convicta, como asno que micta."
de B.P.: "Tímidos mas desejosos como um asno urinando."

...(caramba!, esses dois discordam até em gênero e número, ô!, cadê o contexto?) Joyce quis dizer "Tímidas mas desejando como um burro urinando" ou, com o perdão dos tradutores, "como um cu mijando"? Tsk, tsk. Voto na segunda opção, ainda que especialistas de plantão não se conformem com a forma americana desse "ass" daqui, ó, em detrimento do britânico e pretensioso "arse". Declama aí pra ver se rolou. Ou se, pelo menos, ritmou.

105. JUJU-BELEZA

:circe:glossário:

"Jujuby women", no original: "Bloombella, Kittylynch, Florryzoe, jujuby women" [Tradução oficial (A.H./B.P.), desta vez, ufa, consensual: mulheres jujubas – Florry & Zoe, *mulheres jujubas*, possuídas na quadrilha: balancê!, padeira!, escargô! (rodam, rodopiam, valsam, giram) –, mas hum, que jujubas seriam essas? Hein? Sugestão: com jujus. Melhor, jujubadas]. Confiram:
Juju (do Merriam-Webster)
Etimologia: de origem galês-africana; relacionado ao povo Hausa, habitantes da Nigéria/ Data: 1894/ 1: um fetiche, talismã ou amuleto dos povos africanos ocidentais, associado à boa sorte/ 2: a magia atribuída ou associada a jujus

Ergo, mulheres enfeitiçadas. Faz o maior sentido, não?

106. ArgenassiM SantamissA

:circe:

Introibo ad altare diaboli.

Celebrantes: Padre Malachi O'Flynn com uma saia de renda e a casula do lado avesso e os dois pés esquerdos com o calcanhar para a frente; Reverendo Sr. Haines Love tendo à mostra as nádegas peludas e uma cenoura enfiada nelas

A VOZ DE TODOS OS AMALDIÇOADOS
Anier Etnetopino Sued Rohnes O Siop, Aiulela!

ADONAI
Dooooooooooog!

EXU!

***

A VOZ DE TODOS OS ABENÇOADOS
Aleluia, pois o Senhor Deus Onipotente Reina!

ADONAI
Goooooooooood!

AXÉ!

107. Uichiquibeijmaijpuunapuuhuc!

:circe:nausicaa:

Esse episódio "Circe" de *Ulysses* é tão complexo, mas tão complexo, que dá pra ver nele como Joyce se enrolou ao escrever. É muito interessante: a dimensão do artista e seu impacto criativo retêm seu frescor nas loucuras do texto.

Tenho aqui em casa, vocês sabem, quatro versões do livro (fora trechos esparsos na web e milhares de anotações): duas em inglês (uma impressa e uma em pdf) e duas em português, sendo a do Houaiss impressa e em pdf – o que facilita as idas e vindas, a busca de palavras através do texto, a percepção de ocorrências repetidas e agora, em "Circe", discrepâncias entre elas, ou vocês pensavam que era tudo na cuca? Hein? Hohoho, gente: assim nem Joyce. O curioso é que, enquanto Houaiss elegeu o original (que eu tenho) impresso, Bernardina segue a versão do pdf, o que dá uma visão bastante abrangente da coisa.

Joyce, a gente nota, acha às vezes que exagerou na radicalidade. E volta atrás. São palavras inventadas, frases, falas inteiras cortadas (ou quem sabe acrescentadas: embora a minha mente, careta e lógica, queira muito acreditar que veio primeiro a mais complicada, não dá pra garantir nada, já que em Joyce, todo mundo sabe, a complexidade tendeu a se agravar até desembocar no quase incompreensível *Finnegans Wake*. Algumas passagens no *Ulysses* são a perfeita prévia disso – é Burgess que aponta –, como o parágrafo ao final de "Nausicaa" que resume, em meia dúzia de frases, todo o pensamento do personagem até ali. Ou ainda no inglês recém-parido de "O Gado", onde se misturam sons de não sei onde pra resultar num idioma não sei pra quem, muito joyciano mesmo), fecha essa matrafalaca. Ops. Falamatraca.

"Circe" é composto na forma de um texto teatral – e é na boca da cena que tudo acontece, ao vivo e a várias cores –, uma ficção alucinante misturada aos fatos tudo ao mesmo tempo agora. São centenas de personagens – duzentos e quarenta e cinco, para ser exata – todos com falas: da maçaneta da porta ao farfalhar do bosque ao fantasma alegórico de Mother Mary, a mãe desdentada e embolorada e com hálito de cinzas de Stephen, um lado do rosto caindo de podre e buracosnolugardeolhos, derrubada pela espada letal de Sigfried: Nothung! São múltiplas as referências, de dentro e de fora de *Ulysses* – haja memória, e ela às vezes falha, mais ainda se obscurecida no álcool. Delirium. Tremens. Tremei. E é nesse forró safado que o nosso malandro escorrega, troca de par, tropeça de novo, levanta a poeira, sacode a bengala, dá a volta por cima e ainda pede bis. Anarriê.

Switchback, por exemplo [em português: caminho em ziguezague], aparece como *wiswitchback*. *Thursdaymornum*, quase [manhãdequinta], aparece também como *Thursdaymomun* [momentodequinta?], Iago à gogô. A risada de Bella muda de lugar de uma versão para outra, o que faz uma diferença enorme: num caso ela ri de Marion, mas, no outro, de Boylan. Levando-se em conta que o sublimado não-corrosivo fogo dos infernos – ó mascacadáver! –, se corroeu e sumiu, faz ou não faz mais sentido "o canicorpo de Kynch matar o cadelacorpo dela sua mãe" do que "Kynch matar o canicorpo cadelacorpo dela mãe"? E até segunda ordem, algo importante Joyce deixou no ar, pergunta sem resposta, ô, minha mãe: qual é mesmo a palavra? (Se é que depois de morta ela agora sabe, se é que tal palavra existe: a que todos os homens conhecem.) Então, qual é?

O que fica por ser explicado é como foi que um romance desses, tão desbragado – e cá entre nós, tão localizado –, virou modelo de complexidade e tema favorito de ensaios acadêmicos no mundo inteiro (tem até no Japão), caindo nas graças (ou garras) da intelectualidade erudita: gente séria, que não é como a gente seria nem que entendesse tudo e – me acreditem –, no fundo no fundo a gente até que entende, mas vêm os "grandes mestres" e atacam o corpo vivo do texto com uma voracidade póstuma de urubu – como se carniça fosse –, aprisionando a irônica leveza da crônica nas cápsulas chumbadas da teoria especulativa. Tô fora. Mas se for pra falar de Mestre Joyce, do fundo do coração, tô sempre dentro, isto é, até que me expulsem.

108. Maçonaria

:glossário:

O Primeiro Sinal:
Um maçom, sim. (L.B.)

O Segundo Sinal:
Maçom, eu acho: não estou certo. (L.B.)

O Terceiro Sinal:
Ele está por dentro. (L.B.)

O Primeiro Símbolo:
Que é que esse safado franco-maçom está fazendo? (L.B.)

O Segundo Símbolo:
Maçom caridoso: orai por nós (L.B.)

O Terceiro Símbolo:
Faz um rápido passe com dedos compelientes e mostra o sinal de mestre do passado, perpassando a mão direita para baixo pelo ombro esquerdo. (L.B.)

A Primeira Senha:
Vestido como o grande eleito perfeito, um sublime maçom com colher de pedreiro e avental. (Edward VII)

A Segunda Senha:
Mahak makar a bak [O Senhor seja louvado, aqui terminamos]. (Edward VII)

A Terceira Senha:
Um franco-maçom martelando no piano (L.B.)

O Juramento:
Juro que vou sempre saudar, sempre ocultar, jamais revelar qualquer parte ou partes, arte ou artes. (L.B.)

O Milagre:
Silente, pensativo, alerta, ele fica de guarda, os dedos nos lábios na atitude de mestre secreto. Contra a parede escura uma figura lentamente aparece, um menino encantado de onze anos, um trocado ao nascer, sequestrado, com um livro em sua mão. Ele lê da direita para a esquerda inaudivelmente, sorrindo, beijando a página – Rudy! (L.B.)

A Grande Palavra:
Jod, He, Vau, He

109. 98 BEIJOS

:glossário:

grudada sua lânguida boca
longolongo lascivo
na dele deleitoso o beijo

sussurrados beijos agitados
humildes beijos
molhados lambidos colados
arrulham: oleolé
trinados tremidos beijos

nham-nham. udilambigrudi.
coberta de beijos
beijo de pombo ãeãe

me deixaste só
e com um beijo de cinzas
me beijaste a boca
um beijo longo e quente
fundo na alma da gente

assim sim.

110. TUDO DÁ CERTO NO FINAL

:circe:glossário:

Ao cerrar das cortinas no palco iluminado de "Circe", ainda sob o impacto da aparição de Rudy – quem é que, tendo perdido alguém importante, não sonha com um momento desses? (eu mesma, anos e anos, na esperança inútil de que a morte de papai não passasse de um triste engano) –, finalmente encontrei online uma referência àquela única frase não-decifrada, vocês se lembram (quase cheguei lá por mim mesma, mas, hum, não se pode ter tudo), desvendada por Mr. Weldon Thornton – que entre todas as coisas, imaginem, foi professor bolsista da Fundação Fulbright, em Belo Horizonte, Minas Gerais! – sinal de quê, eu não sei, mas garanto: de alguma coisa deve ser, uai – em seu *Allusions in Ulysses: An Annotated List*:

"Vivian Mercier sugeriu que se trata, na verdade, de duas frases, ambas com o mesmo sentido, expressando a visão de Bloom sobre a falsidade das acusações contra ele. A primeira, de acordo com Mercier, é sgéul i imbarr bata, [uma história em cima de uma vara], metaforicamente significando um rumor não confiável; e a segunda é cóiste gan capall [um coche sem cavalo]. Outro estudioso chegou a traduzir, ignorando as três primeiras palavras por estarem misturadas e confusas, como 'um telegrama é um coche sem cavalo.'"

Ah, bom: pelo menos acertei no idioma, né? Não fui tão mal, aí, desculpem meu mau jeito de leiga.

111. MESTRE X DISCÍPULO(A)

:cartas:circe:impressões:joyce no meu cotidiano:

É de fato delicado o meu assunto e passa, sim, por meandros sutis e extremamente debatidos do universal idioma português, agravados recentemente pela morte anunciada do trema e outros males menores: eis o momento clássico em que o discípulo alcança seu mestre, ou de fato ultrapassa, acrescenta a um "quê?" de dúvida aquele seu quê a mais. Acontece. Mas é com um quê de mau jeito, pelo menos de minha culpada parte: nesta fatídica lengalenga de praxe, não é só ao mestre que agradeço, mas ao amigo. E basta de firula, de falta de jeito, desculpa esfarrapada.

Refere-se a destacada trama ao professor e ensaísta amador (mas no sentido de quem ama a coisa, se é que vocês me entendem) Luiz Gonzaga de Alvarenga, autor de mais de dez livros publicados – entre eles, um interessantíssimo tratado sobre música de mais de 4-0-0 páginas que ainda não li e, francamente, nem sei se lerei. L.G.A.: um apaixonado por Joyce que conheci online e que merece, sim, uma crônica só pra ele, se mais não fosse, por ter-me sustentado e aguentado nos primeiros passos de *Ulysses*. E, mais ainda, por ter de agora suportar esta minha *chutzpah*: acreditar que nalguma – inda que breve – medida o superei, ou algum dia superarei. Me desculpe o Luiz, mas mentira faz crescer o nariz, e sendo o meu já bem grande, não sei o que é pior.

Pois foi L.G.A. – personagem famoso aqui nas crônicas –, quem me ensinou o caminho das pedras, ou melhor, o truque de Jesus caminhando sobre as águas, herética ainda por cima: "Vai pelas pedras, Pedro!" Fui. Catei, caminhei, por águas profundas especulei. E aprendi, tanto assim nunca esperei, ih, pra variar: rimei.

Concluo hoje a leitura de "Circe", onde Alvarenga interrompe seu alentado ensaio comentado sobre a versão de Houaiss. Ufa! Adeus, Luiz! Agora é carreira solo, à qual espero um dia fazer jus, mas que assusta a solidão, assusta. Sigo assuntando: obrigadão, Luiz.

Tudo dá certo no final. No final de "Circe", pelo menos, deu.

112. NAS ENTRELINHAS

:circe:joyce no meu cotidiano:

Às vezes me espanto tanto com as besteiras que eu mesma escrevo que corro a pedir perdão ao mundo, se não sei bem a quem. Mas neste caso aqui das crônicas nem preciso esclarecer: tenho sido normalmente resgatada por um tipo ou outro de *insight* redentor – recado camarada do além que, em se tratando de Joyce, tem sido frequente –, ou então é loucura incipiente.

Joyce deixa claro no texto, pelo menos nas entrelinhas, que não se incomoda nem um pouco com carona de escritor metido, pelo contrário: em se tratando de pós-escritos, J.J. não só os tolera, como os encoraja, ah, sim, vou ter que provar, falem mal de mim, mas falem, sim, etc., etc. E provo, vejam só vocês. Na lista de heróis irlandeses citados por ele ao ocaso em "Circe" – e confrontados na narrativa pelo escopo de ideias –, consta que a maioria é de figuras históricas, como o já mais-que-manjado Parnell ou o nem-tão-conhecido Wolfe Tone – este, por exemplo, considerado o pai do republicanismo irlandês. Mas a poucos, bem poucos, J.J. concede tratamento diferenciado: debatem consigo mesmos, fato metaforizado comicamente pelo nome remixado em duplas, como John O'Leary contra Lear O'Johnny (poeta e editor), ou Lord Edward Fitzgerald contra Lord Gerald Fitzedward (aventureiro e herói com uma quedinha por provérbios, como prova o popular "gosto é o feminino de gênio", segundo Alan, um comentário misógino à beça devido à data em que foi criado: uma questão de gosto).

Não sendo possível o encontro no céu – ou no inferno mesmo – entre Noga L. Sklar e James A. Joyce, me contento por enquanto com o meu diálogo interior. Pode parodiar que a gente aguenta.

113. PAIS & FILHOS

:circe:eumeu:

Quando a gente quer muito uma coisa, só a consegue se desistir de procurar: taí uma grande verdade. Este episódio de "Circe", por exemplo. Eu já me preparava pra seguir em frente, conformada em não entender a fundo o enorme sentido que ele faz – como pretensa crítica e autoproclamada editora de *Ulysses* já o havia condenado ao corte, e ao ler que Burgess pensava quase a mesma coisa, me surpreendi: Joyce nem precisava ter-se dado ao trabalho, poderia ter feito de Stephen um bêbado espancado... ali em frente a um bar em "O Gado" mesmo, dando a Bloom a chance que este esperava, como bom pai protetor, de salvá-lo de si mesmo –, quando esta manhã, caminhando pela praia, pimba! Bingo! Caiu-me na cuca a maçã de Newton, heureca!

Amor de pai pra filho. Amor de filho pra pai. Tema central de *Ulysses*, coisinha simples, assim, quase automática, não é mesmo? Mas eis aqui a má notícia: para adultos maduros, mimados e cabeçudos como a maioria de nós, é tarefa árdua e poucos a cumprem, a não ser, é claro, na literatura, já que é preciso despir-se de muito preconceito e rancor enrustido para atingir essa mútua compreensão absoluta, mostrando-se abertamente – meros seres humanos com seus maus passos, culpas e pecados – e derrubando de vez o mito do pai-herói e seu filho aprendiz. Aceitar o amor e a proteção. Aceitar o erro e a imperfeição. Pra enfrentar a dor de ser é preciso coragem, o que nem sempre é possível sem uma considerável dose de fantasia: agora me digam se não é isso que Joyce fez, nas cento e setenta e duas páginas de "Circe".

Atingido o objetivo, termina aqui a espantosa odisseia. Já podemos voltar pra casa, e casa, no caso, é o território seguro e íntimo da família (nem sempre a biológica: muitas vezes o pai da compreensão é o pai de adoção, aquele que não só permite, mas também proporciona, um carinhoso conforto de eu sou eu e isso aqui é meu).

Pra mim, não deu. Isto é, não tinha dado, até que outro dia, por ter encontrado Joyce, tornei mais vasto o meu entendimento do mundo.

114. Panaceia universal

:joyce no cotidiano:

Burrice crônica? Leia *Ulysses*. Ignorância aguda? Leia *Ulysses*. Lerdeza mental, déficit verbal, carência de siso? Vai por mim: o remédio é ler *Ulysses*.

Se o seu caso é estreiteza moral, endêmica falta de assunto, ataque viral de mesmice, qualquer leitura cura. Mas pra enxergar mais longe na empresa da vida, aí, francamente, só lendo *Ulysses*. Evasão escolar avançada, pobreza primária de alma? Pensando bem, já entendi: o negócio é ler *Ulysses*.

Crise ensimesmática? Tédio contagioso? Leseira eletrônica? Quer riso solto, charada esperta, fruição total? Sei que ninguém até hoje lhe disse, mas tem tudo isso em *Ulysses*: receita bacana contra toda ameaça à integridade intelectiva humana.

Contra a mania depressiva de lucro, e o dom corrupto do aval cultural, contra a concessão, o desespero e a rejeição, ou qualquer outro apelo na corte da criação, você já sabe o que conta: *Ulysses*.

Em estados febris de simplismo, ou de obviedade e cinismo, infeccionados por vaga obliteração do olhar, ler bastante ajuda. Mas em surtos maliciosos de irreflexão linear, com graves episódios de banalização vulgar, raciocínio urgente e radical, do tipo que exige profunda intervenção mental, aí, meu amigo, só mesmo lendo *Ulysses*.

Posologia recomendada: dose única injetada na veia com estupor descartado, sem contraindicações.

– Ué, Noga, eu não sabia que era assim esse *Ulysses* – confessa num chat, aos vinte anos de idade, um surpreso estudante da PUC.

Deu nisso: cultura geral avassaladora.

115. BOCCABRUTTA

:eumeu:glossário:joyce no meu cotidiano:tradutores:

"*A gezunt freign, a krankn gebn*", mais ou menos isso. Parece palavrão, eu sei, mas se trata, simplesmente, da nada sutil estratégia em iídiche de vovó pra nos obrigar a comer sem reclamar: "a uma pessoa saudável se pergunta, a um doente se dá" (tipo assim, uma ordem que não dá pra contestar).

Vem quase do berço esse meu gosto intragável por frases feitas. Para ser mais exata: de vovó, ou melhor, da memória afetiva do iídiche hilário de vovó, descendente arretada do Rabbi Akiva. Pois esse amor a ditados, que compromete e corrompe a boa literatura, brota inesperado, aos trancos e barrancos, como as letras cafonas de canções populares ou outros clichês abomináveis que eu misturo a torto e a direito, provocado de memória por tensões no dia-a-dia. Não à toa me casei com Alan, useiro e vezeiro e criador de aforismos.

Joyce, ao que parece, também gostava, ou por que abusaria tanto? Logo no início de "Eumeu", em descrição desabonadora da polícia irlandesa, dou de cara com o quase intransponível "*prepared to swear a hole through a ten gallon pot*".

Houaiss traduziu assim: "prontos a jurarem que o palheiro era agulheiro", e Bernardina assim: "prontos para jurar que branco é preto". Mas eu, com a minha já longa prática no assunto, não me conformei com nenhum desses. Procurei o significado no Google até quase o desespero... e nada.

O mais próximo que cheguei foi ao dito irlandês "*Swear a hole in an iron pot*", que em bom português quer dizer "xingar *muuuito*": em se tratando da polícia, faz o maior sentido, é ou não é? (Uau, finalmente entendi: Joyce, como eu, curtia acima de tudo truncar e corromper os ditados, hahaha!)

Fico com esta versão: "a postos para usar sua boca mais suja do que latrina de rodoviária."

116. 02/02/2022

:joyce no meu cotidiano:

Marquem aí no calendário. Gosto das datas redondas e, tudo bem: tenho até uma quedinha inconfessável pela numerologia.

Joyce também tinha, tanto que atribuía especial importância ao seu aniversário, mas nem por isso deixou planejada esta aí, especialíssima, que vai festejar, bem além do alcance de sua vida biológica, os 100 anos de um evento que mudou o mundo – bem, pelo menos o mundo da literatura: o lançamento de *Ulysses*.

Tudo somado dá uma data nota dez e, se aos demais centenários não compareci por um (bom?) motivo, a este não pretendo faltar. De jeito nenhum.

117. THERE'S THE RUB

:eumeu:glossário:

Patético mesmo – e Burgess já tinha me prevenido –, o simplório contato publicitário L. Bloom tentando parecer erudito aos olhos de Stephen D., professor e poeta. Se por outro motivo não fosse, o sujeito (Bloom, claro) me lembra eu mesma, de namoro com Alan pela internet: ele mestre em literatura inglesa e eu, ex-arquiteta, tentando passar por poeta: "Não moro no Rio and there's the rub", citava orgulhoso o diálogo original – editado depois no *Hieros* –, como se ele esperasse que eu soubesse que isso era Shakespeare – *Hamlet*, para ser exata –, um favorito de Stephen/Joyce, repetido um par de vezes no "Eumeu" (e aqui nestas crônicas, aliás, também) num jocoso pretérito *that was the rub* que não invalida a citação, em se tratando de Joyce de jeito nenhum.

Bernardina traduziu assim, o primeiro: "era a questão" e o segundo: "essa era a dificuldade"; Houaiss, coerente no primeiro e no segundo, obstrui, como de hábito, o entendimento: "era a seca". Agora eu, sempre pretensiosa, querendo ser mais católica que o papa: pra traduzir esta passagem, enquanto escrevia o *Hierosgamos*, pesquisei as traduções tradicionais de *Hamlet* para o português e acabei (eu acho, mas certeza não tenho) na de Millôr: "É aí que bate o ponto", uai, gente, mas não é que estou me repetindo?

Bem, mereço perdão: eu não sabia que apareceria em *Ulysses*. Segura essa agora, profeta.

118. Transformações
(ou: um banquete literário e democrático no Google)

:coletor de injustiças:impressões:

Muitos livros que a gente lê impressionam, distraem, agradam, mas ter um impacto realmente inesquecível, bem, poucos têm. Pra mim, antes de *Ulysses*, só um: *Zen e a arte da manutenção de motocicletas*, de Robert Pirsig – que eu costumava dizer que tinha mudado a minha vida, mas não me perguntem como, porque não me lembro.

Sempre pronto a me derrubar, meu tio austríaco – um *jekhe* negativo e sarcástico – gostava de me provocar: "Transformou, como?" Nem na época, confesso, eu conseguia responder: sentia e pronto (olha aí uma boa dica sobre a origem do meu complexo de coitadinha).

Já com *Ulysses* o negócio é outro. Sei muito bem como é que ele está transformando, não somente o meu jeito de ver este mundo, mas também de estar nele. Apesar de poder ser lido com o maior prazer em qualquer idade, acho que na maturidade a gente o aproveita mais, ou melhor: melhor mesmo é lê-lo não uma, mas duas, três, ene vezes, tantas quantas a multinivelada trama permitir, em busca de novas descobertas.

O que, na verdade, não tem muito a ver com a maturidade, vamos combinar: quando foi que me sofistiquei tanto, a ponto de entender Joyce completamente e sem nenhum esforço? Ouvi falar de gente que o leu aos dezessete, dezoito anos – entre eles o próprio Burgess, que acabou se tornando uma das maiores autoridades mundiais em Joyce – mas, conversando com alguns desses leitores precoces, percebi que a experiência deles deixava muito a desejar: fico bem satisfeita de não tê-lo lido, não ter vencido a rejeição ao livrão quando comprei a versão do Houaiss, há uns dez anos, só pra repor a que já tinha lá em casa, bem rasgadinha, tadinha.

O caso é que ler *Ulysses* com o Google do lado é bem diferente de ler *Ulysses* sem Google do lado. A cada palavrinha, cada expressão, cada estrangeirismo ou citação, cada enigma mais estranho ou cabeludo, não tem erro: a gente interrompe a leitura e apela pro teclado na busca, ô delícia: encontra explicação pra quase tudo, acesso à maioria dos ensaios já publicados, no todo ou em parte, o que, ao contrário do que parece, não tira a graça do texto, só aumenta.

Inclui-se aí o interessantíssimo Google Books, taí: uma festa para os sentidos onde nem mesmo Joyce encontraria defeito. Ou... será que encontraria? Hum. Não sei. Não estou bem certa. Apesar de o Google ter elevado à enésima potência o poder tão desejado por Joyce de provocar polêmicas, pode ser que de tão ampla e generosa comunicação resulte afinal uma redução do prazo dado por ele para esgotar o debate dos críticos, cem anos já está de bom tamanho, não é mesmo?

É preciso, em todo o caso, contar com o imponderável na web: nunca se sabe o que pode acontecer.

119. Nau dos insensatos

:eumeu:glossário:joyce no meu cotidiano:tradutores:

Tá certo que dou todo dia uma de Bloom com essa minha mania de deixar o dito pelo dito. Mas o que eu não esperava, de jeito nenhum, era encontrar em *Ulysses* justamente o mesmo dito que eu havia dito, em crônica, poucos dias antes. Francamente. Eu não sei como isso acontece, mas que é meio mágico, é.

Quem lê *Ulysses* em português não percebe nada disso, claro, pois nenhum dos nossos intérpretes teve o cuidado, quando não a consideração, de facultar ao leitor brasileiro o gostinho inesperado de um bom *déjà vu* – como o que experimenta um falante de inglês ao ler a frase no "Eumeu", pela boca popular de Bloom, se reportando à que lhe deu origem: *"far from the madding crowd"* (para os doutos, Bernardina anota: trata-se de um romance famoso de Thomas Hardy, peraí, Thomas quem? Mas gente, engajou de algum jeito o cordão da memória, despertou: isso é ou não é o meu "longe desse insensato mundo" do outro dia?), na versão de Bernardina: "bem mais distante da multidão enlouquecedora"; na de Houaiss: "bem mais longe da multidão enlouquecedora", como naquele caso aqui antes citado de *...E o vento levou* para *Gone with the wind*, lembram? Só que agora não mais piração da cronista, já que o tal romance de Hardy é de 1874 e, portanto, anterior a *Ulysses*, justificando a menção. E a gozação por parte de Joyce, claro, com "far" virando "farther": mais longe ainda.

Alan não acredita, e com razão, que eu reconheça o romance. Minha erudição, segundo ele, está aquém da necessária para ter lido o obrigatório Thomas Hardy, então que diabo, de onde vem essa clara memória do que eu nunca vi? Mas, claro! De um filme, onde mais? Vamos conferir e, pimba! Eis o filme de 1967 – quando eu tinha exatos quinze anos, como Bloom no início da década de oitenta, à época dos assassinatos à faca em Phoenix Park pelos invencíveis nacionalistas irlandeses (em oitentaeum pra ser precisa, ou mais precisa ainda, miloitocentoseoitentaeum, claro): *Far From the Madding Crowd* ou, no Brasil, *Longe deste insensato mundo* – dirigido por John Schlesinger, com Julie Christie, Peter Finch e outros medalhões –, insensato é quem não vê: salve o compositor popular, e Joyce entre eles.

Note-se aqui que, por algum motivo que até já li justificado em algum lugar – mas agora não encontro de jeito nenhum –, Joyce alterou de propósito a data real dos tais assassinatos políticos, discutidos no abrigo de cocheiros pela turba noturna em "Eumeu": maio de 1882, pouco depois de ele ter nascido e quando Bloom teria na verdade dezesseis, e não quinze anos, normal, coisas da memória de quem se lembra perfeitamente de tudo, não é mesmo? Como a minha, mais ou menos isso, pelo menos eu digo o que penso e sinto: quem silencia é que é otário.

120. AJ, DJ

:joyce no meu cotidiano:

Não tem nada a ver com música, mas bem que poderia ter: trata-se, afinal de contas, da linguagem mais utilizada por Joyce em *Ulysses*, vai daí que faria até bastante sentido um DJ no contexto. Mas, na verdade, eu queria dizer "antes de Joyce" e "depois de Joyce": tem quem diga que é puro exagero, mas, desde que me enfiei nessa saga de *Ulysses*, Alan e eu passamos a medir tudo e todos sob o ponto de vista de Joyce, isto é, de quem leu Joyce e de quem não leu Joyce, e se leu, quem entendeu ou não.

Os fatos, os filmes, o que ocorre de fato, tudo passou a ser joyciano ou não, como se *Ulysses* fosse assim uma espécie de Bíblia. O que quase é: uma Bíblia com jeito de erudita, mas bem ao alcance de todos, não? Pois Joyce, saibam, pretendeu escrever uma enciclopédia universal. E olhem que nem entrei no mérito de gostar ou não gostar de Joyce, porque, francamente, tal opção é tão impensável que a gente considera até inexistente, é leu, gostou: sequência perfeita, perfeitamente harmônica, sem a mínima chance de contestação. E quem não gostou é porque não leu, e se leu, não entendeu. A não ser que pertença ao time dos que não leram, não gostaram, não pretendem ler nunca e, ainda por cima, têm raiva de quem leu, e estes, francamente, não são AJ nem DJ, simplesmente pra nós nem existem. CQD.

121. HOMEM COMUM É O CACETE

:eumeu:

Quando eu já respirava aliviada, mais preparada que qualquer Odisseu pra chegar de volta em casa – a linguagem fluente, o texto correndo fácil em "Eumeu" –, pô, sinceramente, não sei como fui me enganar tanto: o texto segue complexo, enrolado, cheio de pedras soltas que rolam ladeira abaixo e ameaçam tropeço. Li num ensaio online que é "unsurmountable", bem, vocês sabem: alguns preferem Proust.

Se fosse uma maratona – o que *Ulysses* certamente é –, eu compararia este "Eumeu" à rampa final que antecede a reta de chegada, já pondo os bofes pra fora até parada, que dirá subindo ladeira a trote, mas calma, gente: aqui não tem pressa nenhuma, paro quando quiser, me recobro, admiro a paisagem.

Meio órfã de L.G.A., leio notas dispersas aqui e ali, numa bruta insegurança do caminho solo que eu juro: *après moi*, ninguém mais trilhará, eita heroína barata. Tal qual Bloom, taí a chave do capítulo: a alegada ignorância de Bloom, que é mostrado aqui como "mais bronco do que realmente é". Deve ser o sono, a canseira, a ressaca, ou quem sabe, coitado, a vontade tão forte de conquistar a afeição de Stephen que o faz ostentar uma falsa erudição. Ou é Joyce demonstrando, de uma vez por todas, que "homem comum" é o cacete: entender *Ulysses* – ou, já que abordamos o tema, qualquer outra peça complexa de literatura, onde dois mais dois costumam dar mais de cinco – não é pra qualquer um. Só pode. Sigo aos trancos, humilhada, me sentindo *blue, boom*. Mas não faz mal, *lo sabes*, estou habituada: *tu me acostumbrastes a todas esas cosas.*

E por falar em humilhação: em certo ponto da conversa, Bloom confunde a alma "simples" – porque indivisa, que Stephen menciona citando São Tomás de Aquino –, com alma "simplória". No parágrafo seguinte, confunde Bacon com Shakespeare, o que eu não sabia, mas muita gente boa faz. Leio, aliás, que dos dois "era Bacon o letrado e Shakespeare, o ignorante", hum, tirem daí suas conclusões. Mas voltando a Bloom, este diz, sobre os italianos: são "dados à caça do inofensivo animal necessário do gênero felino por persuasão de outros à noite a fim de ter uma boa e suculenta refeição com alho *de riguer* na casa dele ou dela no dia seguinte na moita", uma citação, dizem, do discurso de Shylock na cena do julgamento. Fui lá conferir. O "inofensivo animal necessário do gênero felino" está mesmo lá: um gato. De resto, como no mesmo parágrafo o mercador acossado cita a aversão dos judeus a comer porco, imagino que Bloom confundiu alhos com bugalhos ao concluir que italianos comem gato, pois não? Bem, tão estranho não é, brasileiro também come, né? Ai. Perdoem a caudalosidade. Mas "Eu-meu" é assim também, acabei contaminada.

122. LATINOS LADINOS

:eumeu:

"Os espanhóis, por exemplo, temperamentos passionais desse jeito, impetuosos como o Velho Bode, são dados a tomar a lei nas próprias mãos. Vem do calorão, o clima em geral. Eu, por exemplo, acredito certamente que o clima explica a disposição. Está no sangue, todos lavados no sangue do sol."

123. NA NAU-CAPITÂNIA

:eumeu:

"O Brasil espera que cada um cumpra o seu dever", convocou vigoroso o Almirante Barroso na histórica Batalha do Riachuelo... certo? E Joyce escutou, parodiou em *Ulysses*: "When duty called *Ireland expects that every man* and so on." Mas acredito que, na verdade, a voz interior no chamado de Joyce era a do britânico Almirante Nelson, a bordo do *Victory*, na Batalha de Trafalgar, ah, melhor deixar pra lá: pesquisando a gente descobre que esse tipo de patriotada é internacional, coisas da época ou, quem sabe, de quem tem mania de Napoleão. Nas melhores clínicas do ramo, rola até hoje.

124. Palavreado

:joyce no meu cotidiano:

Já quase me conformando com o ritmo de feriado afinal encontrado, percorro o jornal do cabo ao rabo na rede e nada: nada sobre o que escrever, oba, só lendo pra relaxar. Descanso calada a mente quando finalmente, na última frase do último artigo do último caderno lido, encontro motivo de crônica – "A poesia, ao contrário, é a casa dos que sabem que não têm e, só por isso, se arriscam a tentar" – na crônica literária de José Castello sobre a palavra e as coisas. Ao contrário do quê, não preciso dizer: de quase tudo, dos que acham que têm tudo, embora não o tenham; dos que não sabem o que não têm e acreditam que o que já têm é tudo. Palavras, palavras, palavras. *Soltanto* palavras.

Dou um rasante sobre [a coluna de] Arnaldo Bloch e seus arroubos de maturidade – roubada, mas só por não ter citado Joyce, claro, em tudo o mais estou de pleno acordo: o pleno entendimento é para a maturidade e, às vezes, nem: para os que, convencidos de que já deveriam a esta altura saber tudo, descobrem saber cada vez menos, cada vez mais para descobrir: um saco cultural sem fundo.

Et pour cause. Venho tentando esvaziar-me de tudo, até mesmo de poesia, buscando em baixios de estilo a pureza do texto, a perplexidade, o impulso emocional de estar no mundo sem esperar nada em troca; por continuar sem nada – e, mais do que isso, conformada com a posse do nada –, me derramo toda. Transbordo: uma dessas surpresas contensoras da maturidade, e quando a palavra não basta, busco em volta aqueles que se bastam, explodem de si mesmos bem mais do que uma única coisa.

Toco em ritmo febril de hipertexto: *dominium vobiscum.*

125. Travessuras

"History – would you be surprised to learn? – proves up to the hilt Spain decayed when the inquisition hounded the jews out",
ou,
"History, would you be surprised to learn, proves up to the hilt Spain decayed when the inquisition hounded the jews out..."

Bloombalaloom: balançando no embalo de Bloom. Mais do que me espantar com a modernidade do pensamento de Joyce *by* Bloom, utópicos maldade, desigualdade e fratricidade – o outrossim são outros, sim, mas desculpem: não cabiam aqui na frase –, enfim, mais do que isso, e como se não bastasse.

Fascinante: descubro em Joyce a hesitação do escrever. Comparo as versões e observo, em interrogativo parágrafo nauseante, que Joyce viaja do travessão à vírgula com um enjoo de principiante, mudando de opção conforme a impressão, é sério, gente. Constatação: a vírgula é o que vem depois, aprendo, pois, adeus, transversos. Transfiguras. Travações.

***

É disso mesmo que eu gosto. Suponhamos que eu acabe escrevendo algo, assim, correndo por fora do senso comum (como tenciono plenamente fazer), e ao preço de um guinéu por coluna: "Minhas Experiências", digamos, "com *Ulysses* de James Joyce".

126. Vagabloom

Não sei se minha intensa identificação com Bloom tem crescido – culminando no presente verborrágico "Eumeu" – por ele ter sido concebido como um homem feminino, ou por eu me considerar – ou, no mínimo, ter por anos me considerado – uma mulher bastante masculina, preferências de alcova à parte. Isso, claro, até me acasalar com Alan: foi aí que, provavelmente, comecei a me transmutar numa molly gozosa dessas que há poucas por aí, coisa já vista e ocorrida nas destecidas diatribes sexuais explícitas de... hum, Olgaboom, muito puta com aquelas linhas todas do tipo enigmáticas (atribuídas muitas vezes a erros de impressão), tentando engajar o leitor bem formado, outrossim ocupado num bocejo ou outro – um tédio causado por (nada) usuais cartas afetuosas, cheias de doces nadas, mas nada platônicas... quando a natureza interferiu, sem um pingo de decência, mas de quem é, do que é que Joyce falava mesmo?

Ah, sim (fingindo que entendo tudo): da "destruição dos mais aptos". E termino o episódio nos braços de Murphy, com trocadilho, sim, senhor: como uma mosca legítima, pousada no cocô do cavalo do bandido.

127. Curso de letras

:joyce no meu cotidiano:

Levando-se em conta tudo que percebi em Joyce, ou aprendi com Joyce, soam ridículas minhas prévias preocupações de gramática e estilo, eis algumas: evitar a repetição de palavras e ideias e mais grave (ainda), os dois pontos consecutivos; correr dos clichês e do coloquial como o diabo da cruz; cortar gorduras; procurar ser clara o bastante para não aborrecer ninguém deixar tudo bem explicadinho, esse tipo de coisa; sujeito verbo predicado necessariamente nesta ordem, coisa que me aborrece quase tanto quanto as argüições (arguições, em 2009, com a reforma em vigor) a que Mestre Alan me submete para averiguar se entendi bem o texto, tipo um *quiz* periódico de Joyce. Já vou logo emburrando: declaro que não, não entendi nada. Nadinha.

É de ervilhar.

128. Vale a pena arriscar

:joyce no meu cotidiano:ítaca:

Não é de espantar que, sem vergonha nenhuma nesta cara feia que o gene *ashkenazi* me deu, eu ainda me engasgue com Paulo Coelho: coisa digna de gente simples, rasteirinha, enfim, emocional de carteirinha assim como eu. Fidelidade, talvez. Gratidão, por ter ele acrescentado ao meu (já caudaloso) arsenal de frases feitas a expressão "alma do mundo". Que quando uso – e olhem que não é tão raro –, costumo disfarçar com tintas de Jung pra não dar vexame.

Pois foi com a alminha confrangida – a minha, não a do mundo – que acompanhei a autoria do mago na série "O ato de escrever": passei batido pela leitura (rotina), incólume pela caneta (não uso), roçada pela palavra (batida), pra ser derrubada aos trinta e seis minutos do segundo tempo pelas "reflexões sobre o texto final". Pra ser mais exata, pelo final do texto sobre o texto final, ih, ainda com síndrome de "Eumeu", essa coisa pega (no meu papel meros rabiscos, rascunhos corridos transcritos do celular), mas numa coisa P.C. está certo: basta espremer que a coisa explode, como o pus de uma espinha inflamada, se é que vocês me entendem. Passa a dor na hora. E quem está por perto entende logo "que o pensamento mudou de dimensão, está em contato com todo o universo; continua trabalhando (é vício), apreendendo tudo que o texto trouxe (de bom ou ruim), e aceitando suas qualidades (e defeitos)", aspas do autor original, parênteses maldosos desta que o critica, claro ("escrever é um ato de coragem"). Mais coragem ainda a gente precisa ao admitir que, com todo o James Joyce deste mundo enfiado na cachola, no fundo no fundo ainda cai do salto por um Paulo Coelho. Faz parte. Depois ainda querem que eu me preocupe se vou ou não vou publicar, ih, já viu que não vai rolar: Alan bem que me preveniu contra a recorrente autossabotagem, apaga tudo aí.

E quanto ao estado de espírito? Taí: quem não se arrisca não cria expectativas, não se desaponta, fica satisfeito.

129. A DOR DA (I)MORTALIDADE

:ítaca:

"Da inexistência para a existência ele veio para muitos e como um foi recebido: existência com existência ele era com qualquer um como qualquer um com qualquer um: da existência para a não existência ido ele seria por todos percebido como ninguém."

A não ser, é claro, que fosse salvo no último alento pelo gongo da literatura, o que certamente não é pra qualquer um:

Uma ambição de relance
Se meus versos têm chance
Na esperança de vaga em seu jornal publicado
Se acaso me aceitarem
Peço então colocarem
L. Bloom, seu criado, o abaixo assinado

Reflete Bloom entre goles de chocolate Epps's (e esta cronista também, só que de Nescau, no meu caso), em veemente atividade intelectual (separados por nome, idade, credo e nacionalidade):

"Apesar de uma leitura cuidadosa e repetida de certas passagens clássicas, auxiliada por um glossário, ele obtivera convicção imperfeita do texto, as respostas não ajudando em todos os pontos."

Cogito: refere-se a quem? A Shakespeare? Ou Joyce?

130. AGUADEIROS

:joyce no meu cotidiano:ítaca:

...o arrepio doce, até tarde da noite, no embalo empolgante do amor... o
chuveiro escorrendo ao fundo (ele gosta do som da água... querido Alan)...
in *Hierosgamos*

O que na água Bloom, amante da água, extrator de água, aguadeiro, retornando ao fogão, admirou?

Sua universalidade, tanta coisa que até me perdi, não sem antes concluir: A. e B., aguadeiros, ambos de Aquário, amante da água como B. é A. (Alan toma por dia a quantidade de banhos que Stephen Dedalus toma por ano, argh, nojo, e nem por isso é menos poético).

E de que aparições similares isso me lembrou?

Do primeiro ato dele no quarto feio do horroroso hotel, antes até de se deitar ao meu lado na cama ardorosa do nosso belo caso de amor, abrir o chuveiro pra que a água escorresse, urbana cachoeira de araque: Alan adora barulho de água, pratica muito este tipo de ruído.

E de quais aparições similares me abasteço para o futuro?

Penso na casa da serra onde finalmente, em pleno fluir de nascente, hei de me transformar em Molly: um úmido amor pela natureza da água, expresso por Joyce em 473 palavras, parágrafo único, sem levar em conta o futuro ecológico da exiguidade.

E mais o quê, têm em comum A. e B.?

A mania de se barbear à noite antes de dormir ou, em casos de insônia aguda, em plena madrugada: antes que um choque, um tiro, com um lero zero que obtém porém um sufoco oco provoque um corte na face (mãos de cirurgião, um maravilhoso toque curador).

Quanto às demais coincidências que fazem desta e de outras duplas – Stephen & Bloom, James & Nora, Noga & Alan – almas gêmeas legítimas, francamente: tudo não passa de forçação de barra, hum, soou estranho, não? Não é pra menos, ô palavrinha feia: a única da nossa língua com as duas cedilhas ali juntinhas, ó, lado a lado. Errado não é. Pode conferir.

131. Ponto final

:joyce no meu cotidiano:penélope:ítaca:

> *Prefiro ser pardal a caramujo,*
> *prefiro ser martelo a um prego sujo;*
> *prefiro uma floresta a uma rua,*
> *sentir a terra sob a pele nua.*
> Paul Simon, in "El condor pasa"

Sei que ainda não é hora de escrever sobre isso, mas tô que não me aguento: papai já reclamava dessa intensa ansiedade que vem da infância, mania de esgotar a mesada no meio do mês, livrar-se logo de tudo, mesmo das melhores coisas: do vinho mais curtido; do doce mais gostoso; da transa mais intensa. Encerrar o circuito da Europa voltando pra casa mais cedo, o feriadão inteiro de olho na próxima segunda-feira: é a pressa de envelhecer que todo capricorniano tem, liquidar com essa incerteza viral que só termina mesmo... vocês bem sabem quando. Ou romper à primeira rusga um namoro com tudo em cima, só pra não correr o risco de ser abandonada, se é que vocês me entendem. Antecipar o final de um livro, registrado bem antes do texto concluído: acaba por não se encaixar na trama que, conforme o esperado, vai crescendo à medida que é escrita.

Com *Ulysses* não fujo à regra: por um lado, adoro a leitura e gostaria que não terminasse nunca; por outro, quero terminar logo – o romance e este tema constante de crônica, que já se alonga além da conta –, contando as páginas e antecipando o fim.

Não sei se pra Joyce era bem assim, mas dizem que "Ítaca" era, para seu autor, a verdadeira conclusão do livro, coisa que ele deixou bem claro, com instruções expressas ao impressor para fechar o episódio – a última resposta à última pergunta da última prova – com um ponto final bem grande, nunca estava suficientemente grande. Resultado: acabou eliminado de grande parte das edições, encarado como mero deslize tipográfico, um feio borrão. Mas aqui, faço questão.

"Ítaca" é como o tenso e abrangente exame final que antecede a formatura e todo o tesão associado ao evento (só ao baile, claro). São questões colocadas e respondidas com sério empenho em explicar tudo, nos mais profundos detalhes – um afã de exatidão que só mesmo tendo à mão a fonte original da informação e extensas referências bibliográficas, lembra ou não lembra aquele ensaio de fim de curso? Mas chato não é; ao contrário. Flui. Informa. Empolga. Revela o pensamento por trás do mistério, a lógica por trás do debate, o escrupuloso histórico da coisa por trás do resultado dela: tomara mesmo que não acabe nunca.

Era, ouvi dizer, o episódio predileto de Joyce, que, muito paradoxalmente, o considerava árido, maçante, estático e, no entanto, indispensável, uma preparação para a curvilínea e sensual amplitude de "Penélope"– sem princípio, meio ou fim, que começa e termina com um categórico SIM –, sem amarras, como todos gostaríamos de levar a vida: algo que só se consegue ao se abrir mão de tudo, desapegar-se de tudo e de toda expectativa de qualquer resultado, viver plenamente por, simplesmente, sentir-se vivo o bastante pra isso. Como "Stephen e Bloom", declara o próprio Joyce, "transformados em corpos celestes, errantes como as estrelas que antes observavam": um belo desfecho, digno da sabedoria de um vasto conhecimento acumulado, mas como?

With? [Com quem?]
When? [Quando?]
Where? [Onde?]

132. Papo mulherzinha segundo Leopold Bloom

:ítaca:

"O que fazer com nossas esposas? Jogos de salão: bordado, tricô, remendado: duetos musicais: caligrafia e endereçamento de envelopes: visitas quinzenais a entretenimentos de variedades: atividades comerciais leves: alívio clandestino da irritação erótica em bordéis masculinos legais, supervisionados por médicos: visitas sociais mútuas entre conhecidas mulheres da vizinhança de reconhecida respeitabilidade: cursos noturnos criados para tornar agradável a instrução liberal."

Para Molly, Bloom escolhe os últimos, com o intuito de "arrefecer sua deficiência de desenvolvimento mental compensada, no entanto, pelo equilíbrio falso de sua inteligência", estado de ignorância que ainda procura combater ao deixar para ela, de propósito e em lugar visível, um livro aberto em determinada página... e isso funciona?

Nem tanto (Molly custa a perceber; o pouco que aprende, esquece com facilidade, relembra com hesitação, reincide no erro). Obtém mais sucesso através de "sugestões indiretas implicando interesse próprio", exemplo: ela não gostava de guarda-chuva com chuva e ele gostava de mulher com guarda-chuva, ela não gostava de chapéu novo com chuva, ele gostava de mulher de chapéu novo, ele comprou chapéu novo com chuva, ela levou o guarda-chuva usando o chapéu novo.

133. JUDEUS X IRLANDESES

:coletor de injustiças:ítaca:

"Outras pessoas têm uma nacionalidade. Irlandeses e judeus têm uma psicose", afirma Brendan Behan – famoso escritor, poeta e dramaturgo irlandês do século 20 que descrevia a si mesmo como um "bebedor com um problema de escrita" –, inspirado, com certeza, nas similaridades culturais que Bloom aponta para Stephen em *Ulysses*, entre elas: a antiguidade dos dois povos, ambos descendentes de Noé; os alfabetos tradicionais, hebraico e celta; o pendor para a literatura; sua dispersão, perseguição, sobrevivência e renascimento; o isolamento de seus ritos no exílio e a proibição de seus costumes por via de lei. E não se pode esquecer, claro, que os irlandeses sempre se consideraram uma tribo perdida de Israel. Tara torá.

Em tempo, mais uma de Brendan Behan:

"Shakespeare disse praticamente tudo, e o que faltou, James Joyce completou."

134. NUMEROLOGIA, SIM, VAI ENCARAR?

:impressões:penélope:ítaca:

Confesso que me decepcionou um pouco a presença pífia de Stephen Dedalus nas filosóficas elucubrações de "Ítaca", penúltimo episódio de *Ulysses,* cujo tema principal é o encontro definitivo entre Stephen & Bloom (Telêmaco e Odisseu), fortemente ligados a ponto de um Blephen & Stoom, mas será mesmo?

Stephen recusa o pernoite oferecido por Bloom e de olho no firmamento, chapéu no coco e bengala de freixo na mão, já está de saída da Eccles St. 7 sem beijinho nenhum, magoei, poxa: nenhuma ilusão paternal para Bloom, duplamente órfão de filho ao se recordar, olhando para Stephen, de um palhaço de circo que certa vez, ao chamá-lo de papai em cena, fez com que se sentisse ridículo (de Joyce, sarcástico: "e era Bloom seu papai?"). Sabe que o moço vai e, provavelmente, não volta: síndrome do ninho vazio perde, ô tristeza. Para dissipá-la, uma tocante cerimônia de micturição coletiva – espécie de irmanação masculina que eu, a bem da verdade, nunca entendi muito bem –, abençoada à luz ausente da escura Lua Nova por fulgurante estrela cadente.

Alan elabora válida teoria sobre Stephen ser a mente de Joyce onde o corpo é Bloom. Ok. Mas para uma jovem mente criadora – muito embora Joyce o descreva como "seguro de si" –, Stephen me parece mais perdido que... ah, esquece: perdeu-se na noite portão afora.

Já Bloom – com sua esperada obtusidade de homem comum que ouviu o galo cantar, mas não sabe bem onde – sai-se bastante bem como um sujeito íntegro, bom, ligeiramente frustrado e culpado não sei de quê, que apesar de humilhado possui um teto, comida na mesa e mulher na cama. Bem. Querer que a esposa lhe fosse fiel – e, além disso: versada, inteligente e magra –, já seria demais, não? O que na época, aliás, nem estava tão na moda assim, ser magra, digo. Pelo menos é o que afirma no texto Penélope/Molly. Bom. Até agora, nada tão duro de encarar, mas ops, lá vem bomba.

Joyce, o grande intelectual da modernidade – todo mundo sabe –, apreciava como ninguém uma boa numerologia de almanaque, muito bem camuflada-porém-revelada em "Ítaca" num parágrafo muito louco sobre as idades de Stephen e Bloom. Stephen tem 22 anos: número mestre; Rudy, caso estivesse vivo, teria 11 anos: número mestre; Bloom tem 38 anos, que, se não é um número mestre, somados os algarismos dá 11: número mestre. Só digo isso tudo porque também sou meio, hum, onze (número mestre), e gosto que me enrosco de bobagens do tipo pra distrair a mente dos verdadeiros problemas. Isso, pra não falar do número dezesseis tatuado no tórax do marinheiro de "Eumeu", que é repetido ao longo do texto onze vezes em numeral e doze por extenso, além do peso extra de ser a data sagrada em que se desenrola *Ulysses*.

Só pra completar: 16, no I Ching, é o número do entusiasmo, vocês sabiam? Mas na Europa dos milenovecentos tinha outro significado: o do nosso atual 24, que, para o peito carente e mentiroso do marinheiro Murphy, faz todo o sentido do mundo, embora, claro, estudiosos afirmem que a verdadeira razão da tatuagem é o número do episódio: 16.

Agora, já que estamos nessa de contabilidade, um requinte extra: o onze por extenso é repetido no texto 38 vezes, idade de Bloom – número em que a soma dos algarismos dá... 11: número mestre. Já em numeral aparece nada mais nada menos do que onze vezes, o que, não é nada, não é nada, talvez não seja nada mesmo. Mas partindo de um obcecado por datas e números como Joyce, bem, nada me espantaria menos.

Falando nisso, e já que o tema acabou escancarado: a data mestre de *Ulysses*, 16/06/1904, tudo somado de um jeito ou de outro, podem conferir: dá dezoito, o que em hebraico significa "vida". Aposto tanto quanto vocês quiserem que Joyce sabia muito bem disso, e fez essa conta mil vezes ao escolhê-la como oficial para marcar seu encontro amoroso com Molly Tweedy, ops, Nora Barnacle: não sei como não me toquei antes, sério, deve ter sido porque eu costumo fazer de tudo pra fingir que este assunto não existe. Mas que me atrai, me atrai, dezoito, hum: não fosse "Penélope" o episódio 18, uau! Penélope é v-i-d-a!

Quanto ao I Ching, vocês sabem, até Jung curtia. E foi o antigo sistema chinês de oráculo – segundo a Wikipédia, "um texto clássico, composto de várias camadas sobrepostas" (!) – que deu origem ao sistema binário, que, por sua vez, permitiu a criação dos computadores, taí: se não fosse o I Ching não haveria internet, nem blog, nem nada. Ainda estaríamos na Idade da Pedra, ops, do lápis. Além do mais, seus trigramas lembram em tudo o tradicional Ogham, ancestral alfabeto celta – que Joyce prezava tanto e comparava ao hebraico – utilizado ritualmente até hoje nas runas *wicca*, outro sistema divinatório bastante popular, mas este aí, bem, fica pra outra oportunidade.

135. EU QUERO UMA CASA NO CAMPO

:joyce no meu cotidiano:ítaca:

Escrevi caminhando, em pé, deitado, na rua, na mesa, à noite, quando a escrita me despertou do sono... Sei agora, e estava consciente disso durante todo este período de produção turbulenta, que muito do que escrevi era espantoso e fantástico.
Theodor Herzl, pioneiro sionista e criador original do
sonho pátrio de Israel

"Pra amenizar um pouco, só sonhando. E é o que faço quieta, no banco da frente de um táxi – mamãe & acompanhante atrás – enquanto planejo, no silêncio gritante da mente delirante, a planta baixa de uma casa futura no meio do mato pra onde pretendo me mudar, quando todo esse transtorno terminar", escrevi no blog, de volta da temida audiência no Fórum do Rio para interdição legal da referida idosa. Vou poupá-los do longo e incômodo máximo detalhe, prometo. Mas que achei incrível ler em *Ulysses*, exatos dezenove dias mais tarde, a descrição pormenorizada do jeito de Bloom se despir das tensões do dia – sonhando com uma hipotética casa futura no campo, em seus mínimos e mais detalhados objetos –, ah, isso eu achei: não demora muito e considerarei *Ulysses* meu oráculo favorito, dedicando a ele o tempo de profunda análise intelectual que Bloom pretende nele dedicar ao estudo comparativo das religiões e ao folclore relativo a várias práticas eróticas e supersticiosas.

O projeto dele coincide com o meu nos três andares da casa, nos banheiros privativos – no caso dele (já sendo um raro luxo) o banheiro dentro de casa, com privada e água corrente fria e quente; no meu, dois chuveiros contíguos com privadas separadas, banheira compartilhada de hidromassagem, solário e vista para a mata adjacente –, nos planos esportivos de natação diária – ele: num rio isolado de água doce; eu: em charmosa piscina de raia única com vinte e cinco metros de comprimento –, na participação justa e ativa nos rumos da comunidade circundante – ele, preocupado com justiça social e retidão na vida pública; eu, com esperanças de contribuição artística e equivalente retidão na vida pública –, na escolha do local entre convenientemente distante e convenientemente próximo de um grande aglomerado urbano – no caso dele, Dublin; no meu, Rio de Janeiro – e mais todos os sonhos concomitantes de tempo livre, contato com a terra, jardinagem artesanal, discussões intelectuais e íntima fruição de uma intuitiva comunhão com a natureza em geral.

O projeto dele difere do meu, assim espero, na probabilidade e proximidade de realização do referido devaneio de evasão. O dele, associado a projetos inviáveis e esquemas grandiosos para obtenção do capital necessário que não me são estranhos, mas que já deixei para trás; o meu, baseado na iminente, urgente e necessária redistribuição de bens com o objetivo duplo de proporcionar uma sobrevivência decente para minha tutelada mãe e, para mim, um cotidiano decente, frugal e desprovido de culpa e excessiva preocupação com o futuro. Embora eu compartilhe com ele circunvoluções cerebrais conformadas com o fato de que apenas uma parte infinitesimal dos desejos de uma pessoa chega a ser realizada durante a vida, quero crer que, no meu caso específico, não seja apenas sonho, mas um plano bem bolado que prioriza, é claro, a prática confessional de literatura.

A afirmação que se segue – na qual Theodor Herzl se refere à futura criação de um pacífico estado judeu – bem que poderia ser minha, e referir-se à criação de um estado permanente de paz interior:

"Se eu quiser, não será uma lenda."

136. BUSTROFEDÔNICO
(ATENÇÃO! CONTÉM *SPOILERS*!)

:ítaca:

do Aurélio: Bustrofédon
[do grego boustrophedón.]
Substantivo masculino.
1. Graf. Sistema de escrita em que as linhas se alternam em direções opostas. [P. ex., uma linha da direita para a esquerda, e a seguinte da esquerda para a direita, como nas inscrições gregas mais antigas.]

Entenderam bem, papudos? Pois decifrei assim, em menos de dez minutos, o cabeludo criptograma de Bloom em "Ítaca". Agora. Já que no texto de Joyce a solução aparece antes do problema, a graça não está em descobrir o que significa tão obscuro conjunto de letras, mas sim, em compreender a mecânica engenhosa, bustrofedônica, do enigma. Portanto, pra quem é dado a destrinçar questões do gênero, você, por exemplo, que exulta quando desfaz qualquer nó cego que lhe atravanque os neurônios, recomendo não ler o parágrafo abaixo onde desvendo o mistério. Um, dois, três e... lá vai.

Criptograma pontuado quadrilinear bustrofedônico (vogais suprimidas):

N. IGS./WI.UU. OX/W. OKS. MH/Y. IM

Diagrama-chave

A	B	C	D	E	F	G	H	I	J	K	L	M
1	2	3	4	5	6	7	8	9	10	11	12	13
Z	Y	X	W	V	U	T	S	R	Q	P	O	N

Solução passo a passo:

1. substitua as letras de acordo com o diagrama chave:

N. I G S./ WI.UU. OX/ W. OKS. MH/ Y. IM
M. RTH./ DR.FF. LC/ D. LPH. NS/ B. RN

2. acrescente as vogais:

MA RTHA/DRO FFI LC/DO LPHI NS/BA RN

3. Elimine os espaços e inverta a ordem das letras onde for o caso:

MARTHA CLIFFORD DOLPHINS BARN

137. Imigrantes

:joyce no meu cotidiano:ítaca:

Em *Hierosgamos*: "Itzchak é o nome em hebraico do meu avô, Isaac Cohen. Mas não é da tribo [nobre dos sacerdotes], sabe? Meu "Cohen" é falso... Ao chegar no [ao] Brasil [vindo de Safed, Palestina, a cidade sagrada], vovô mudou [o sobrenome] de "Koretz" para "Cohen", uma prática normal da época" [191?].

Em *Ulysses* (como atestado em anúncio catalogado de jornal local referente a documento legal de mudança de nome): "Eu, Rudolph Virag, residente atualmente no nº 52 da R. Clanbrassil, Dublin, anteriormente de Szombathely, no reino da Hungria, por meio deste notifico que assumi e tenciono daqui por diante em todas as ocasiões e para sempre ser conhecido pelo nome de Rudolph Bloom" [185?].

138. ENTENTE CORDIALE

Em *Ulysses*, de James Joyce, em 1904:

"Os franceses! fala o cidadão. Bando de mestres dançarinos! Sabe o que é? Eles nunca valeram um peido frito para a Irlanda. Não é que agora estão tentando fazer uma Entente Cordiale no banquete de Tay Pay com a pérfida Albion? Incendiários da Europa é o que sempre foram!"

Em *O Globo*, da Família Marinho, em 2008:

"Brown [Gordon, primeiro ministro britânico] afirmou que uma nova era estava surgindo para um "Entendimento Cordial" – em referência à Entente Cordiale, acordo que pôs fim a séculos de rivalidade franco-britânica em 1904. Sarkozy, por sua vez [acompanhado da ex-dançarina, ex-cantora, ex-atriz, ex-modelo nua, e atual primeira-dama da França Carla Bruni em dia de princesa, hospedada no Castelo de Windsor], propôs um entendimento amigável."

139. INVERSÕES

O leito deles (de consumação do casamento, de concepção e nascimento, de violação do matrimônio, de sono e de morte): Ouvinte (ela), sudeste por leste, cabeça na cabeceira, pés nos pés da cama, reclinada semilateralmente, esquerda, mão esquerda sob a cabeça, perna direita estendida em linha reta e descansando sobre a perna esquerda dobrada, satisfeita, semeada; Narrador (ele), noroeste por oeste, cabeça nos pés da cama, pés na cabeceira, reclinado lateralmente, esquerda, pernas direita e esquerda flexionadas, o indicador e polegar da mão direita repousando na ponte do nariz, latitude no paralelo 53° N e longitude no meridiano 6° O num ângulo de 45° com o equador terrestre, hemisfério norte.

O nosso leito (de consumação do casamento, de gozo, de fidelidade ao matrimônio, de sono e de morte): Ouvinte (ele), noroeste por oeste, cabeça nos pés da cama, pés na cabeceira, reclinado semilateralmente, esquerda, mão esquerda sob a cabeça, perna direita estendida e esquerda flexionada, atento, sempre acordado; Narrador (ela), sudeste por leste, cabeça na cabeceira, pés nos pés da cama, reclinada lateralmente, esquerda, mão esquerda sob a cabeça, perna esquerda estendida em linha reta e perna direita dobrada descansando sobre ela, carente, sem semente, latitude no paralelo 23° S e longitude no meridiano 43° O num ângulo de 45° com o equador terrestre, hemisfério sul.

Considere-se ainda que, no segundo [nosso] caso, é ela quem usualmente oscula a macia, porém nem tão carnuda nem melônica nem tampouco melolorosa bunda dele antes de adormecer, às vezes sua bola linda – ops, boca –, ela diz, inconveniente demais hoje.

Ela repousa. Ele viajou.

140. A morte e a morte de Leopold Bloom

:coletor de injustiças:ítaca:

Além de servir de inspiração e fonte interminável de citações para boa parte dos autores contemporâneos, a obra ousada de James Joyce deflagrou a publicação de inúmeros estudos – entre eles o excelente *Homem Comum Enfim* de Anthony Burgess que me acompanhou nesta travessia de *Ulysses* –, ensaios e teses, alguns deles bastante absurdos, entre os quais espero que estas crônicas não se incluam.

Entre os absurdos, claro. Um desses muitos que estão por aí na web defende a infeliz ideia da morte de Bloom ao final de "Ítaca", sendo "Penélope", no caso, não o empolgante monólogo final de Molly que todo mundo conhece, mas "um texto fragmentado de simultaneidade, onde a consciência transfigurada (através da morte) de Bloom se funde à de Molly numa única voz, na mais livre aproximação possível da liberdade."(?)

Essa não, gente. Ao cabo de dezenove horas desperto numa intensa jornada – 19: número do carma –, tendo vencido inúmeros obstáculos e meditado, profundamente, sobre temas relevantes, após ter sido amado, ignorado, traído, rejeitado, reabilitado e novamente amado com direito a café na cama com dois ovos (estrelados?), por que haveria Bloom de morrer?

De volta em casa, sozinho na madrugada depois da partida de Stephen, faz um bom balanço de seu dia. Exorciza – pela análise extensiva de todas as modalidades possíveis – o seu medo da miséria que, caso o vitimasse, lhe deixaria duas saídas: por falecimento (mudança de estado), ou por partida (mudança de local); Joyce escolhe a segunda. Reconhece o adultério da esposa e o minimiza (menos grave que roubo, ou crueldade contra crianças e animais, ou desfalque, ou malversação de dinheiro público, ou corrupção de menores, ou chantagem, ou falsificação, ou perjúrio, ou homicídio e outros crimes menores ou hediondos); considera divorciar-se e abandonar a casa da família, mas, por pura inércia – e antecipando o corpo quente (de Molly) na cama do casal –, acaba desistindo, sinal nenhum de metempsicose ou transmigração de almas, e sim, pelo contrário, de sua máxima individuação como ser humano maduro, capacitado a conviver e se entregar a este convívio, o que me convence completamente de que, exausto, Bloom foi apenas dormir... possivelmente sonhar: um homem comum como ninguém, ou como qualquer um de nós.

Na manhã seguinte, acordou bem disposto, tomou seu desjejum completo (servido por Molly) na cama, lavou o rosto, escovou os dentes, leu o jornal na casinha, vestiu uma gravata preta e saiu por aí. Em vez de amargar um fracasso, publicou seu romance em Paris e virou celebridade. Passou os dezessete anos seguintes descrevendo, em linguagem onírica – e até segunda ordem, quase impenetrável – o sonho que teve naquela noite. Morreu de úlcera perfurada no apartamento de Zurique, aos 59 anos de idade, antes do vencimento da apólice em benefício de sua filha única, Millicent (Milly) Bloom.

Nunca se mudou para uma casa no campo.

141. Tamanho não é documento

:circe:glossário:penélope:tradutores:

Sim, "Penélope é o *clou* do livro", afirmou James Joyce numa carta, em agosto de 1921. "A primeira frase tem duas mil e quinhentas palavras" e acabei de lê-la, sim, das oito que fazem o texto. É, portanto, um oitavo cedo demais pra qualquer comentário, mas já deu pra entender muito bem onde Joyce quis chegar com isso: "Começa e termina com a palavra feminina sim, uma imensa bola de terra lenta mas certamente girando e girando redonda, os quatro pontos cardeais sendo os seios, cu, útero e cona femininos", mulher inteira, sim, sem meias palavras o que, francamente, era um bocado inusitado no início da década de 1920, e até hoje. "Apesar de provavelmente mais obsceno do que todos os outros episódios, me parece ser perfeitamente são completo amoral fertilizável não-confiável envolvendo uma esperta limitada prudente indiferente Weib. *Ich bin der Fleisch der stets bejaht.* Mulher. Eu sou a carne que sempre afirma". Então, me pergunto: por que o falso moralismo?

Pretendo ser justa, sim, preciso. Li *Ulysses* no inglês original, verdade, mas se não fosse pelo prévio *tour de force* dos nossos bravos tradutores nacionais teria dado sim, com os burros todinhos n'água, eu sei. Mas não sei o que foi que me deu lendo Joyce que nunca tinha me dado antes, uma espécie de intuição reforçada que mesmo quando não sei de nada, sei que aquilo ali que estou lendo [em português] não está com nada, e toca a pesquisar o verdadeiro sentido.

Não está com nada e perde todo o sentido, por exemplo, o incômodo indevido, constrangedor até, com a palavra-rainha do duplo sentido em inglês *"to come, came, coming"* [vir, veio, vindo, mas também: "gozar, gozou, gozando"]. "He came somewhere" – que explica o repentino apetite de Bloom – não quer de jeito nenhum dizer que "ele veio de algum lugar", o que fica mais claro ainda com a sequência: "de qualquer jeito amor não é"; *"he came on my bottom when was it the night Boylan gave my hand a great squeeze"*, idem ibidem, "entrou no meu traseiro quando foi isso na noite em que Boylan deu um grande apertão na minha mão", porque já se sabe que Bloom não gozou dentro de Molly nos últimos onze anos, desde a morte do filho varão aos onze dias de vida; e toda mulher sabe, vamos combinar, que *"pretending to like it till he comes"*, não tem nada a ver com "fingindo gostar até que ele venha", faz logo aquilo e não pensa mais nisso, disse Molly: "todo mundo faz e depois da primeira vez é apenas normal", e foi muito bem dito, cá entre nós, por que não por nós, do lado de cá da capa? Hein? Fora que, com a "vara grossa em riste" o tempo todo daquele jeito, ele deve ter mesmo comido um "bocado de ostra" (sim, gente, eu estava enganada quanto à falta de ostras em junho na Irlanda), "sim ele deu três ou quatro com aquela tremenda coisa bruta vermelha dele", e achei a maior graça, foi, na incessante coisarada da mente de todas nós mulherzinhas assim reproduzida, fala sério, quem de nós não soltou um "ou ela ou eu" daqueles? Ou cantou pela casa toda até no banheiro porque estava numa boa ou, pior, sentiu uma raiva danada de quem por estar numa boa cantava o tempo todo até no banheiro?

Claro. Eu sou mais eu porque, mesmo desbocada assim mesmo, sei que ele nunca encontrará uma mulher como eu que o entenda e o aceite tão bem quanto eu, com mania, coprofagia e tudo ele está com tudo o que me leva ao final a outra tradução incompreensível em "Circe", porra, que só fui entender agora – até aqui retardada e dividida entre "o espigão frio do ferrabrás escorrendo da crista de galo" e "seu esperma de valentão pingando de sua crista de galo" –, quando soltei de vez a pena em "sua porra fria de intimidador pingando da crista do seu caralho", pega um pouco de palha e limpa que essa aí realmente ofendeu, e tudo isso agora por que, ah, bom, aparentemente, só eu é que não sabia o significado de "spunk" (e ninguém me contou, porra) – tudo bem: quer dizer "vigor" também –, porque "esperma", no contexto do texto em que a coisa pinga, me soa educado demais e, afinal de contas, o que há de errado em dizer a palavra certa no contexto adequado? É ou não é literatura pura? Ah, bom. Nem toda mulher tem essa coragem toda que Molly teve, de encarar com língua solta e sem papo acanhado um pau duro de frente, mas isso, pelo menos, eu posso garantir: todas nós sabemos muito bem o que focinho molhado de cachorrinho safado quer tocar, e um "casaco de pele" é que não é, viu?

Ah, gente. Tudo bem que é preciso saber algum inglês pra ler Joyce no original, o que é que estou dizendo, saber inglês de jeito nenhum não basta: se não baixar um santo na xoxotinha arretada, essa gorduchinha não rola, trava mesmo a língua. Sem moral nenhuma. Do texto inteiro, retive na memória uma só palavra: Sim. E pelo sim, pelo sim, saí por aí dizendo que tinha lido *Ulysses*, bem, pelo menos o monólogo final de Molly sem vírgula nenhuma, vírgula: são oito frases distintas, essas sim, sem vírgula em si, e mais, pra fazer bom jus em português, o certo mesmo seria escrever o texto sem nenhum acento, assento ou acento, se e que voces me entendem (sim, Joyce elimina em ingles os poucos acentos que o ingles tem, sinais tipo dont, wed, Ill), ficou dificil de entndr? Paciencia. E ainda piora, ou como diz o santo padre a uma Molly contrita (se confessando): "na perna atras bem alto bem la no alto onde voce se senta sim sera que ele nao podia dizer traseiro acabar logo com isso", bunda e pronto. Bunda bunda bunda coco xixi bunda. Parece infantil. Não é: desmistifica. Relaxa se entrega que ele mete e goza e você vem junto sim você diz SIM.

142. Fetiches, pastiches

Homem é mesmo tudo igual. Mas, para Molly, são todos diferentes. Vejamos.

Joyce para Nora: "...eu cheire o perfume de tuas calças juntamente com a emanação quente de tua cona e o odor pesado de teu traseiro."

Bloom *by* Molly: "...rogando que eu desse a ele um pedacinho da minha calça."

Alan para Noga: "...mas tua roupa de baixo é uma obsessão particular, um pobre substituto de ti, trazendo em si a intenção de uma linda obra-de-arte erótica."

Joyce para Nora: "Tua luva passou toda a noite ao meu lado – desabotoada – mas quanto ao mais se comportou muito bem."

Bloom *by* Molly: "Me beijou no oco da luva me perturbou para eu dizer sim até que tirei minha luva lentamente olhando ele."

Alan para Noga: "Dormi com as tuas calcinhas de novo, acordei contigo na minha cara, o cheiro de ti no travesseiro."

Joyce para Nora: "Meu bem, neste instante ejaculei nas minhas calças de modo que estou inteiramente fora de combate."

Bloom (ou...?) *by* Molly: "Louca pra descobrir se ele era circuncidado ele tremendo inteiro que nem gelatina eles querem fazer tudo rápido demais tira todo o prazer da coisa."

Alan para Noga: "Depois de falar contigo, tenho invariavelmente a mais leve emissão... só um pouquinho de secreção grudenta... não dá pra ver, mas ontem, ao chegar em casa, notei que a pontinha do meu pênis grudava."

Aliás, falando nisso. Mulher também é tudo igual, embora goste, quase sempre, de se pensar diferente: melhor; mais gostosa; mais inteligente. O cérebro maior e a comunicação mais quente. Mas as compulsões são outras, claro. Deve ser por isso que os interruptos circuitos mentais de Molly me deixam tão enjoada, sei lá, um reflexo incômodo da própria imagem, minha própria mente eternamente dividida entre as coisas da casa, as coisas das coisas e a casa das coisas, num prurido cerebral que não cessa não dá nenhum descanso, ou então é o horror bem comum de sujar a roupa limpa, os lençóis recém-trocados, quando eu já me julgava livre aquela coisa de novo depois de um ano inteirinho sem, só pra que eu me sentisse bem Molly – molhada, humilhada e mareada –, ai, meu Deus, bem que eu podia ter nascido homem (aliás, nem gineco faz a menor ideia, a mais mínima, do que é ser mulher tipo, digo, sangrar todo mês e ainda por cima questionar se há "algo de errado com as minhas entranhas ou tenho algo crescendo em mim tendo essa coisa desse jeito toda semana melhor ir ao médico ou aquela coisa branca saindo de mim vagina ele a chama ou cochinchina pergunta se há um cheiro ofensivo"). Francamente. Eu estava bem melhor me sentindo Bloom ou, por *alter ego*, Joyce – que por mais gênio que seja eu penso que ele pensa que sabe muito bem como pensa uma mulher, pensa bem, mas reflete no incômodo do dispara(ta)do texto que só pensa, mas talvez verdadeiramente não saiba.

Nem precisava ter ido tão longe. É, gente. Ninguém, por mais que se queira, por mais que a gente até o imite, faz a menor ideia do que é ser o outro.

143. CONDOLÊNSCIAS

:hades:joyce no meu cotidiano:penélope:

Judeu não faz velório, tudo bem. Mas tampouco enterra morto em pé como muita gente pensa. Levaram o morto numa Kombi, guardado numa caixa. Depois de lavado, vestido e enrolado em seu xaile de orações, passou a noite sozinho num quarto escuro do cemitério, aguardando o funeral do dia seguinte. Morreu num domingo, às nove da manhã pra não incomodar ninguém. Nem foi preciso acordar mais cedo.

Estranho eu chegar ao fim dessas crônicas de *Ulysses* em clima tão antagônico à ode à alegria de Molly Bloom. Provavelmente errei o tom, "sempre erro nessas ocasiões solenes e ele sempre me corrige", tudo que ele me ensina está sempre errado não para de falar um minuto o que é que estou dizendo, sempre fazendo um discurso "sua triste perda minhas simpatias", odeio esse tipo de gente que empurra seu drama pra cima da gente e eu nem o conhecia tão bem ela sim, Molly, digo, sempre comete este tipo de engano escrevendo "sombrinho" com um eme a mais e eu: minhas "condolênscias". Judeu não faz velório, mas sempre anuncia o enterro, sim, como a família Dignam naquele triste dia no Freeman (descontando a conserva Pereira e num canto de *O Globo* o signo de Davi, claro, por cima de um Lopes da Cruz). Em frente ao caixão, rasga a roupa em tiras; na casa do morto um velho pano preto bloqueia a imagem no espelho dorme no chão duro cobre a cabeça de cinzas se senta em *shiva* [do hebraico *sheva*, são sete dias inteiros] respeito e silêncio por alma dele o *kadish* louvado até que alivie o luto sim, antigamente era assim quando alguém morria que a nós judeus pertencia, mas agora não.

As coisas mudaram: vai-se ao cemitério e pronto, acabou, e é onde estou nesta manhã de sol, nada que na verdade surpreenda tanto, pois de tudo que senti na pele enquanto lia *Ulysses*, faltava um enterro. São os idos de março. É fim de ciclo e, para mim, um bom treinamento para outros, mais íntimos fins, a melancólica conclusão de um livro que, como todo orgasmo criativo, se assemelha a uma pequena morte: um silêncio interno, a sensação de vazio, o final passageiro de frenética atividade de vai-e-vai transformada em calma estranha, suspensão temporária das lides do mundo quando a morte ataca. E desta vez passou perto, exige a reverência, uma certeza de transitoriedade: *tout passe.*

Exemplo disso é a ida ao cartório para a certidão de óbito, toque mórbido de burocrata no pesar da perda: ninguém sabe ao certo a documentação necessária, o que se comprova na mulher da esquerda (desalentada), e na mulher da direita (revoltada com a informação errada). Eu não: pelo menos estou centrada (pelo menos nesta manhã). No burburinho obrigatório do tabelionato ecoa o microcosmo de um ciclo dos nossos, misturando em ruídos confusos o pranto sentido da morte, o sorriso orgulhoso do nascimento de um filho, o júbilo franco no ritual excitado de um novo matrimônio: a dor e o gozo na mesma medida, é ou não é assim a vida?

Depois é o alívio porque não sou eu, nem ninguém que seja realmente meu, ainda não, mas o que é que estou dizendo. Se eu der mesmo sorte haverá este livro, que está por morrer para seu autor, de ressuscitar mais tarde pelo olhar guloso de um leitor: vida-depois-da-morte, sobrevida, metempsicose. Pegando o todo pelas partes, parte também um pouco de mim. Morro hoje sem bilhete, enquanto estampo o sinete neste arremate do texto; se alguma pessoa amiga pedir que você lhe diga se você lerá ou não, diga que eu lamento e choro a precatória oração; e às pessoas que eu detesto, diga sempre que eu não presto, que esta escritura é o fim: eu não mereço a comida mental que James Joyce pagou pra mim.

144. O TEXTO OU A VIDA

:joyce no meu cotidiano:penélope:

Dizem que a arte imita a vida, ou seria o contrário, é a vida que imita a arte? Agora me enrolei toda. De um jeito ou de outro, a literatura, pelo menos, tem esse jeito de ir fundo na arte da escrita, muitas vezes mais fundo do que a própria vida, embora se limite, como afirma Norman Mailer, a "contornar os fatos com sua ficção".

O estilo caudaloso e entrecortado de Molly Bloom criado por Joyce em *Ulysses*, por exemplo, é famoso por retratar fielmente o pensar feminino. Mas na vida real ou, pelo menos, no *reality show* desta vida, a receita pelo visto não funciona tão bem.

Miriam Leitão, por exemplo, em sua descrição de Dilma Rousseff – a toda-poderosa de Lula –, bem que poderia estar falando de Molly:

"Para a televisão, ela é uma entrevistada difícil. Em televisão, diz-se de alguém que fala sem pausa, com ideias que não se completam e se conectam a outras, que é uma pessoa que não tem ponto de corte Em bom português, uma pessoa prolixa. Sem ponto de corte, o entrevistado irrita o telespectador, que se cansa antes mesmo que uma ideia seja transmitida. Uma pessoa assim tem dificuldades de se comunicar em geral."

Agora imaginem Molly Bloom entrevistada ao vivo pela Hebe.

145. 77 DIAS

:bloomsday:joyce no meu cotidiano:

"Estou com medo, não tenho a menor ideia de como começar", confessa no Rio, onde esteve para o festival de documentários "*É tudo verdade*", o dinamarquês Jørgen Leth, a respeito de seu próximo filme (*The erotic human*) que tem como tema um antropólogo que investiga o erotismo, "algo tão abstrato como filmar Deus".

Ok. É 1º de abril. E pra falar a verdade, parece mentira que já vou terminando um livro que eu temia tanto que nem chegasse a acontecer. Este medo de uma nova empreitada é meu velho conhecido: sempre me apavora a possibilidade de não chegar a lugar nenhum, mas, desta vez, não foi o caso. Fui até mais longe do que imaginava, agora, se vai "funcionar", assim, sem credencial nenhuma... é uma outra história.

É mais provável que esse meu jeito desrespeitoso, irreverente e até mesmo insolente (de lidar com este mito tamanho que é James Joyce) seja absolutamente rejeitado pela confraria joyciana (inter)nacional. Isso, se não me relegarem a um desdenhoso ostracismo, ah, paciência.

Termino a leitura de *Ulysses* em pleno estado de movimento, sem conclusão alguma, mas, cá entre nós, para um livro que é grande como a vida isso não me aborrece: afinal de contas, a vida se conclui na morte, estado pleno este sim, de não-movimento e jamais relatado por ninguém.

Nem tudo, no entanto, correu como o planejado. Eu tencionava encerrar a saga do (meu) livro com uma bela e impressionante participação de inigualável brilhantismo intelectual no *Bloomsday* e, pelo menos disso, acabo de desistir: faltam 77 dias para o próximo 16 de junho, e gente, é tempo demais pra esperar sentada.

Tenho pensado muito nesse *Bloomsday,* confesso. Sinto vontade de ir à Irlanda, mas não vejo como e, além do mais, que sentido faria percorrer num só dia as locações de Leopold Bloom em *Ulysses*? Não seria a jornada interior o foco principal do livro? E discuti-lo (em data e local combinados) marcando passagens num banco duro de livraria, cá entre nós: será que me tornaria mais profunda? Seria assim, digamos, mais um passo pra deixar de ser Noga e passar a ser Bloom, já que Molly eu nunca serei mesmo? Ou, mais interessante ainda, faria de mim uma escritora menos léguas distante da reconhecida genialidade de Joyce? Não sei. Ando desconfiando que, embora aconteça num 16 de junho, este tão badalado *Bloomsday* não passa mesmo de um 1º de abril, o que, se não se revelar à época um fato constatado, pelo menos por enquanto me serve de consolo.

Pelo pouco que entendi do estilo hermético e elaborado de Joyce, o que ele pretendeu afinal com *Ulysses* – se é que pretendia alguma coisa – foi demonstrar que o importante é a gente ser a gente mesmo, cumprindo todo dia uma aventura pessoal profunda e profundamente honesta. É o que costumo fazer, com ou sem ajuda do casal Bloom ou seu *alter ego* J.J., porque, sinceramente: sem essa abertura, sem essa franca e absoluta sinceridade, a vida inteira não passa de um 1º de abril.

146. Maria-sem-vergonha

:penélope:

Por que me incendiaste de desejo/
Quando eu estava bem, morta de sono/
Com que mentira abriste meu segredo/
De que romance antigo me roubaste.
Chico Buarque, in "Soneto"

– Mulheres falam sem parar um borbulhar sem sentido por vezes interrompido mudando de assunto e de rumo sem alerta algum para quem as ouve são idas e vindas na história que contam se lembram de um ponto um detalhe imprescindível que nem se encaixa bem no repertório de contos, mas de jeito nenhum poderia ficar de fora exatamente este tipo de coisa que você reclama que eu faço o tempo todo é como Joyce escreve este episódio – comento com Alan, mal respirando entre uma palavra e outra, de pé, na fila do cartório e já com a corda toda, às nove da manhã, ao alcance ligado do gravador de celular. – Entendeu?

– Claro – ele responde, porque a ideia que ele faz de uma mulher corresponde exatamente à ideia que Joyce faz ou parece fazer, mas ele, Alan, diz que não é verdade.

Elizabeth, por exemplo, ele acha que é brilhante. (Elizabeth, vocês sabem, é o nome do calo dolorido no meu dedinho do pé que Alan pisa com gosto quando quer me provocar. Deixa ele.)

Vocês vão querer me matar, mas preciso confessar: não adorei mesmo este último episódio de *Ulysses*, que, apesar de aparentar um perfeito entendimento do pensar feminino, termina demonstrando como é ilusório esse poder (de penetrar no poço sem fundo em que a gente vive) que o homem pensa que tem. As mais bonitas não sei, mas são certamente as mais explícitas, mais expostas e dispostas páginas da história da literatura. Molly Bloom parece mulher, soa quase sempre como uma mulher, mas não chega a alcançar, na verdade, o tom exato de ser feminina. E James Joyce não chega a ser assim, digamos, um Chico Buarque irlandês, o que transparece em detalhes mínimos, como na exibida pretensão de todo macho sensual com essa noção nauseante de que é normal engolir esperma em boquete, hum, boquete, que grossura: não é grande coisa, nem faz mal nenhum, é "como orvalho ou mingau de aveia", eu hein, precisa não ter posto nunca um pau gostoso e – tudo bem – bem limpo e sedoso na boca, mesmo assim.

E essa ideia falsa de querer dar na rua pra todo mundo? Mulher que é mulher de verdade – não essa versão utilitária e muito bem sucedida de mulher, essa invenção puramente masculina, mal paga e sexualmente explorada por homem "fiel" que conserva em casa a esposa santinha, que até pode ser de pau-oco, mas que não trepa nem fica em cima (eu, pelo menos, raramente fico) – não pensa assim, não.

Tudo bem que é um truque de estilo, discurso adequado, quem sabe, a uma boa Penélope casta – mito até hoje incólume que, por sinal, recentes pesquisas arqueológicas vêm cortando um dobrado pra derrubar: aparentemente, essa velha história de mulher de Atenas subserviente (sem gosto ou vontade, nem defeito, nem qualidade) acabou se limitando a um poético Chico Buarque e, bem, a um James Joyce equivocado – que vai derrotando, um a um, os pretendentes ferozes ao leito de Ulysses/Bloom, o grande ausente: virou pro lado e adormeceu, largando nas mãos da pobre Molly, desperta e insone, a batata quente de um casamento assim, digamos, mais pra sem graça e já sem grandes baratos, cujos sonhos de agora são apenas (maus) presságios. Normal.

A *moglie* Molly malemolente de Joyce lê a vida nas cartas do tarô e acredita, sim senhor, em maldição de pregar botão. Gosta de flores. Ama as manhãs, roupa nova e ajuda em casa, quem não. Gostaria de um marido atencioso que só a ela amasse, longamente a beijasse e a abrigasse no abraço, quem não, quem tem? Que a fizesse se sentir bonita, desejada e inteligente, mas todo mundo sabe que ninguém faz ninguém se sentir de maneira alguma, e é como Alan diz, e sempre que pode, repete: "Não quero ser responsável por sua miséria", tudo bem, meu bem, mas pelo menos pague as nossas contas, ai, meu Deus, que mulher mais machista. M.B. ama um cavalheiro fino, mas também ama amar o amor.

A questão é que Molly muito bem diz que tanto faz este como qualquer outro, porque o amor da gente é a gente que faz, embora pra alguns maridos e, até mesmo para algumas esposas, tanto faz como tanto fez: casamento é tudo igual, mas não é mesmo, e eu cá nunca me canso da *nossa* velha cama de Cohen, porque o que importa mesmo, em toda relação de amor, é o capital inicial investido, coisa que Molly entende muito bem quando se lembra dos beijos de Bloom entre os rododendros de Howth, aí sim, fica mesmo bonito. Dom Poldo de la Flora faz seu gol de placa ao perceber que nela, Molly, predomina uma intrínseca nature-za de flor, calma, gente, maria-sem-vergonha é nada mais do que a nossa versão tropical de flor da montanha, ai que eu me enterneço. Mas Alan não deixa, já vem logo em cima com um balde machista de água fria, "flor de montanha não tem nada de romântico, *darling,* é apenas um lugar-comum". Concordar comigo sobre a parca beleza do mollymonó-logo? Ele não concorda, diz que eu me engano, não entendo nada de literatura, e que o que importa num grande livro é o seu começo e o seu fim: o resto é só recurso esperto pra segurar leitor, pouco mais do que isso, se é que vocês me entendem. Tudo bem. Vou fingir que acredito.

Segue aqui pra vocês, portanto, um resumo de tudo o que inte-ressa em *Ulysses*, lá vai, se preparem, que é de coração: ***Stately plump I will Yes.***

E não se fala mais nisso.

Rio de Janeiro, de dezembro 2007 a junho 2008

BIBLIOGRAFIA

BEACH, Sylvia. *Shakespeare and Company – Uma livraria na Paris do entreguerras*. Rio de Janeiro: Casa da Palavra, 2004.

BURGESS, Anthony. *Homem Comum Enfim*. Tradução José Antonio Arantes. São Paulo: Companhia das Letras, 1994.

JOYCE, James. *Ulysses*. New York: Vintage Books, First International Edition, June 1990.

JOYCE, James. *Ulisses*. Tradução Antonio Houaiss. São Paulo: Civilização Brasileira, 13ª edição, 2003.

JOYCE, James. *Ulisses*. Tradução Bernardina da Silveira Pinheiro. Rio de Janeiro: Editora Objetiva, 2005.

MAX, D.T. "The Injustice Collector". In: *The New Yorker*. New York: edição 19 de junho de 2006.

VILA-MATAS, Enrique. *Paris não tem fim*. Tradução Joca Reiners Terron. São Paulo: CosacNaify, 2007.

LINKS

Ó, PG. 26:
http://www.youtube.com/v/NqPcb1nKZYg&rel=1

LUIZ GONZAGA DE ALVARENGA, PG. 28:
http://www.germinaliteratura.com.br/literatura_mar2007_luizgalvarenga1.htm

JOHN RICKARD, PG. 33:
http://www.facstaff.bucknell.edu/rickard/Hypermedia/HTML/Heads.html

PROJETO GUTENBERG, PG. 36:
http://www.doc.ic.ac.uk/~rac101/concord/texts/Ulysses/Ulysses18.html

BREVE SINOPSE, PG. 42:
http://www.cliffsnotes.com/WileyCDA/LitNote/Ulysses.id-153,pageNum-2.html

FORAM PUBLICADAS, PG. 49:
http://www.desejosecreto.com.br/fetiches/fetiches09.htm

M'APPARI, PG. 91:
http://www.youtube.com/v/qQdZUQgHCak&rel=1

ROBOT WISDOM, PG. 142:
http://www.robotwisdom.com/J.A.J./Ulysses

CHAMBER MUSIC, PG. 168:
http://www.robotwisdom.com/J.A.J./chamber.html

JOYCE NO JAPÃO, PG. 171:
http://p-www.iwate-pu.ac.jp/~acro-ito/Joyce_main.html

MORTE DE BLOOM, PG. 200:
http://inscribe.iupress.org/doi/abs/10.2979/JML.2008.31.2.39?journalC
ode=jml

www.ingramcontent.com/pod-product-compliance
Lightning Source LLC
Chambersburg PA
CBHW050838180626
46814CB00007B/2528